キャリアアップに必要な提案力とマネジメントスキル

SEから
コンサルタント
になる方法

北添 裕己 *Kitazoe Yuuki*

日本実業出版社

はじめに

私は上智大学理工学部を卒業してすぐにアーサー・アンダーセン（現、アクセンチュア）に入社しました。その後、２００2年にヘッドストロング・ジャパンに転職し、かれこれ20年間コンサルタントを職業としています。

仕事柄、ＩＴサービス企業のＳＥの方々と話す機会がよくあり、そんなとき、「コンサルタントって憧れます！」と真顔で言われたりします。そこで私も真面目にこう答えています。

「実は、ＳＥからコンサルタントに転身する人はとても多いんですよ。私も若い頃はＳＥと同じようなことをしていました。意識してコンサルタントをめざせば、あなたもなれますよ！」

コンサルタントは新卒からコンサルティングをしていると思っている方もいるかもしれませんが、必ずしもそうではありません。私は入社してしばらくの間、開発現場でコーディングをしていました。

私はいまでもコーディングが大好きです。ＳＥだった頃の業務は本当に楽しかった。しかし、途中で方向転換したコンサルタントとしてのキャリアは、それ以上のやりがいを与えてくれます。

いまではコンサルタントとして経営戦略の企画立案やプロジェクト計画、投資計画立案の策定、組織改革や業務プロセス再設計といった仕事に従事しています。ＳＥのときは「よりよいシステムを構築する」ことにやりがいを感じていましたが、いまでは「お客様の抱えている問題を解決する」ことに大きなやりがいを感じています。

この本を手に取っているのは、コンサルタントになりたいと思っていたり、漠然とでもコンサルタントに興味を持っているSEの方がほとんどだと思います。しかし、多くの方はコンサルタントという仕事についてよくわかっていないのではないでしょうか。そして、SEからコンサルタントに転身する方法についてはさらにわからないことでしょう。

そこで、私のいままでの体験から、コンサルタントへ転身するために役立つノウハウを紹介します。本書を通じて、多くのSEの方のキャリアの選択肢が増え、少しでも楽しくIT業界にかかわっていくことができれば幸いです。

なお、本書は私がITmediaで連載している「オルタナティブ・ブログ」の内容を基にしていますが、「SEからコンサルタントになるには?」というテーマに則って再構成し、大幅に書き直したものです。ブログの読者の方であっても新鮮な発見がたくさんある内容になっています。

【ITmedia オルタナティブ・ブログ／トラパパ@TORAPAPA】
http://blogs.itmedia.co.jp/torapapa/

2007年12月　北添　裕己

CONTENTS

SEからコンサルタントになる方法　◆目　次◆

第2章 コンサルタントになるための基礎力・考え方

CONTENTS

●カバーデザイン／井上新八
●本文組版・図版／一 企 画

第1章

コンサルタントのことを知っていますか？

SEから見てコンサルタントはいい仕事？

◇コンサルタントはSEから人気のある転職したい職種

最近では、「高収入」や「仕事のやりがいが大きい」ことから、SEからコンサルタントに転職する人が増えています。

私は現在、ヘッドストロング・ジャパンという外資系コンサルティングファームのプリンシパル（日本企業でいう役員）という立場にあり、人事統括責任者としてコンサルタントの採用もしています。

正確な数字は公表できませんが、当社はコンサルタントの採用を積極的に行なっており、入社志望者も大幅に伸びています。２００６年の応募者に対し、２００７年は約１・５倍に増えました。

当社だけではなく、各コンサルティングファームの採用意欲も年々高くなっていますので、ＳＥの方が転職できるチャンスはますます増えていくと思います。

この10年の間に、日本においてコンサルタントの需要が増えてきました。不景気による大手企業の再生計画、企業の競争力を上げるためのＭ＆Ａなど、業界再編成の場には必ずコンサルタントがいます。

また、コンサルタントの仕事は経営戦略だけではなく、経営戦略策定後の情報システムの設計、システム開発支援にまで至ります。最近では、ＰＭＯ（Project Management Office）という、プロジェクトマネジメントを円滑にする専門部署メンバーとしての参加依頼が多くなりました。

以前は、おもにＩＴに関するコンサルティングに特化した「ＩＴ系」コンサルティングファームがＰＭＯサービスを展開していました。しかし、ユーザー企業のＰＭＯに対する要望が非常に多いため、経営戦略のコンサルティングに特化した「戦略系」コンサルティングファームもＰＭＯサービスを展開するようになったのです。

ＰＭＯではシステム開発の経験が問われますので、ＳＥの方は即戦力として重用されます。こうした背景から、ＳＥの方のコンサルタントへの採用が増えているのです。

一時期は〝花形〟職業といわれていたSEの労働環境も過酷になりました。いまでは7K（きつい、帰れない、給料が安い、規則が厳しい、休暇がとれない、化粧がのらない、結婚できない）とまでいわれています。

連日連夜テストやデバッグに明け暮れて、プロジェクトの先が見えないということはほんとうに辛いことだと思います。そして、そのプロジェクトが終わっても、次のプロジェクトで再び同じことの繰り返しという可能性が高く、あまり希望が持てない方もいると思います。

また、事態が収集できなくなった〝炎上〟プロジェクトでは、心身に傷を負ったメンバーがどんどん脱落し、挙げ句の果てに延びきったプロジェクトが中止ということもありえます。ムダになったプロジェクトは金銭や信用問題に留まらず、参加メンバーのモチベーションに大きく波及します。SEをとりまく状況は決して明るくありません。

自分の未来像に希望が持てず、「プロジェクトリーダーになり、プロジェクトマネジャーになる」というSEとしてのキャリアに魅力を感じない方も多いと聞いています。

私が最初につくったプログラムは汎用機にあるデータを印刷するという単純なものでしたが、プリントされた帳票を見てとても感動したことをいまでも鮮明に覚えています。システム構築といっても、ものづくりの喜びは味わえるのです。その経験を多くのSEの方が感じていないのであれば、非常に残念だと思います。

しかし、現在のような肥大化したシステムのなかでは、自分の仕事がどう役立っているかを把握しにくく、やりがいを見出すことはむずかしいのかもしれません。

金銭面についても、残業がつく方はそれなりの給与があると思いますが、キャリアアップしても報酬が格段に高くなるわけではないようですので、モチベーションが下がるのもムリはありません。さらに、子会社・孫会社となっていくにつれて現実の厳しさは増していくようです。

そのような辛い環境にいるSEの方から見て、コンサルタントは「とにかく高い報酬を要求する人」というイメージが強いのではないでしょうか。実際、コンサルタントは目に見えない部分で多大な努力をしています。しかし残念ながらその努力は、プロジェクトマネジャークラスの方でないとわからないと思います。

おそらくですが、SEの立場からすれば、非常にスマートな仕事をしているコンサルタントは疎ましく感じるものの、「チャンスがあれば自分もなりたい」という〝うらやましさ〟があると思います。

一昔前は「コンサルタントはSEとは大きく違う」と考えている方も多かったのですが、最近ではコンサルタントになれると考えているSEの方が非常に増えていると思います。

ＳＥからコンサルタントへの転職を推奨している転職サービスもありますし、多くの転職サイトの人気職種のランキングにもコンサルタントが上位で登場しています。

そして、ＩＰＡ（独立行政法人　情報処理推進機構）と経済産業省が策定している「ＩＴスキル標準Ｖ２　２００６」では、「ＩＴアーキテクト」などと同様にＩＴにかかわる人の１キャリアとしてコンサルタントが登場しています。それだけコンサルタントが身近な存在になったということでしょう。

◆「高収入」「仕事のやりがい」がコンサルタントの魅力

ＳＥやコンサルタントに限らず、仕事に求める最大のものは「やりがい」と「報酬」でしょう。

コンサルタントは、企業経営全体を見渡し、経営を左右する決定に直接かかわることができる仕事です。ＳＥの仕事は、どうしても企業経営のシステムに関する一部分を扱うことが多いため、仕事のスケールという点ではコンサルタントに及びません。「できれば大きな仕事をしてみたい」という気持ちも、ＳＥがコンサルタントにあこがれる要因の１つとなっていることでしょう。

大型案件になれば、自分の活躍で億単位の金額が動きます。大手企業のＭ＆Ａによるシステム統合のコンサルティングで数千億かかる案件や、開発費１兆円を超える大規模システムの開発に携わる可能性もあるのです。

企業の浮沈にかかわるコンサルタントは、責任とプレッシャーが非常に大きい仕事です。それだけに、やり遂げたときの達成感は格別のものです。

クライアントが長年抱えていた問題を解決するということは、まさにコンサルタントにしかできないことでしょう。

また、コンサルタントの仕事は余計なしがらみに悩まされることはありません。純粋にやりたい仕事に専念できるため、余計な社内政治や無意味な慣習に悩まされることもありません。

報酬という点でもコンサルタントは恵まれています。

コンサルタントの転職支援を行なっている「ムービン・ストラテジック・キャリア」の調査によると、30歳前後で戦略系コンサルティングファームに中途入社した場合、９００万〜１３００万円の年収が見込まれるようです。

ＩＴ系コンサルティングファームの場合でも、６００万〜１０００万円の年収が見込まれます。これらの年収はほかの職業に比べると格段に多いといえるでしょう。

能力さえあれば20代でも２０００万円近くの年俸を手に入れることができます。

採用するレベルや転職前のキャリア評価によって個人差があるのですが、当社の場合は30歳前後で700万～1300万円までの給与の幅があり、別途賞与も加算されます。

もちろん、コンサルタントだっていいことばかりではありません。給与は良く、やりがいも大きいのですが、残業地獄といわれているSEよりも仕事はハードだと思います。どんなに残業したとしても、SEのように残業手当はつきません。そもそも、時間給という発想がないのです。また、コンサルタントは完全年俸制の人がほとんどです。そのため、年俸は毎年変わり、下がることも十分に考えられます。

高収入の仕事を任されるということは、それだけ責任が重いということです。ミスをしたから即解雇というわけではありませんが、成果を十分に出せないコンサルタントが社を去ることは珍しくはありません。

◆SEからコンサルタントへの近道はあるか?

SEからコンサルタントになることは簡単だとまではいいませんが、SEとしての経験はコンサルタントになるためにおおいに役立つと思っています。

というのも、SEとして働いていればプロジェクトマネジメントスキルとITスキルを身につけることができます。この2つのスキルは、コンサルタントにも求められるものです。コンサルタントの仕事は何よりも段取りが大事ですし、経営戦略を策定する際に業務のＩＴ化による改善率の算出も必須だからです。会計コンサルタントに会計システムの知識が必須のように、ＩＴコンサルタントの場合にはシステム構築の知識が要求されます。

どんな業種であれ、ある程度の企業であれば、業務管理や在庫管理、受発注システムなど何かしらのシステムがあります。これらを無視して経営戦略を策定することはできません。

実際、私もＳＥとしてのスキルを身につけてからコンサルタントとしてのスキルを身につけていきました。多くのＳＥの方は、コンサルタントは最初から経営戦略のコンサルティングをしていると思っているかもしれません。しかし、コンサルタントが最初から経営戦略に携わっていることはごく稀《まれ》です。

「はじめに」でも触れましたが、私は大学卒業後、アーサー・アンダーセンに入社しました。そこでは最初からコンサルタントとしてプロジェクトに参加していたのではなく、新米の数年間は開発現場でコーディングをしていました。ＳＥとしてシステム構築をしたり、プロジェクトマネジャーをしたりした経験もあります。おそらく、ＳＥの方と同じようなキャリアプランだと思います。

私はITスキルを十分に積んでからコンサルタントとしてのキャリアを歩み始めましたが、SEとして培ってきたスキルはコンサルティングにおいても非常に役立っています。

一からコンサルタントになるには、MBA留学をして経営戦略を学び、それからコンサルタントになるという選択肢もありますが、すでにSEとしてのスキルを身につけている人であれば、そのスキルを磨いて転職する選択肢も十分ありだと思います。

多岐にわたるコンサルタントの仕事

◇コンサルタントの仕事はプロジェクトごとで内容が変わる

コンサルタントもＳＥと同じようにプロジェクト単位で仕事をします。プロジェクトは企業の状況や依頼内容によって内容が大きく異なるので、コンサルタントの仕事に同じものは存在しません。

しかし、まったく同じではなくとも、プロジェクトには次ページの表のように代表的なパターンが存在します。

プロジェクトにはこれだけ多くの種類がありますが、これらすべてをまんべんなく担当しているコンサルタントはいません。自分の得意とする領域に特化して成果を上げているのです。

そのため、コンサルタントになる時点で、どの分野のコンサルタントになるかよく考えておか

おもなプロジェクトの種類

戦略系プロジェクト	●M&A　●MBO ●フィナンシャルアドバイザリー　など
IT系プロジェクト	●システム構築　●BPO(アウトソーシング) ●CIOアドバイザリーコンサルティング　など
会計系プロジェクト	●財務会計・税務のアドバイザリー ●企業再生　●粉飾決算などの不正会計調査　など
人事系プロジェクト	●人事制度設計　●組織変革　●意識行動改革 ●年金改革・マネジメント　など
シンクタンク系プロジェクト	●民間企業向けの経営コンサルティング ●官公庁向けのリサーチ　など

なければなりません。また、コンサルティングファームによって担当できるプロジェクトが変わってきます。

◇5つに分類されるコンサルティング業界

一口にコンサルティングファームといっても、システム構築をおもに扱うＩＴ系コンサルティングファーム、企業の経営戦略策定に特化した戦略系コンサルティングファームなど、特化しているサービスによって分野が分かれます。

もともとは経営戦略を中心にサポートする「戦略系」コンサルティングファームだけでしたが、次第に「ＩＴ系」や「人事系」、さまざまな分野を横断して仕事を行なう「総合系」に仕事の範囲が広がりました。そして、日本ではシンクタンクである「総研（総合研究所）系」が加わり、５つの分野が存在します。

当社は戦略系とＩＴ系の中間に位置します。当初は戦略系に注力していましたが、戦略策定後のＰＭＯへの要望が非常に多く、ＩＴ系のサービスも展開するようになりました。

コンサルティング業界の5分類

分類名	業務内容	代表ファーム(50音順)
総合系	戦略・業務・システム・人事など、上流から下流まで幅広いコンサルティング機能を持ち、総合的にクライアントの経営革新を支援する。	IBMビジネスコンサルティングサービス、アクセンチュア、アビームコンサルティング、ベリングポイント　など
戦略系	経営戦略や組織戦略といった戦略分野(企業戦略、事業戦略、M&A)に特化している。近年ではIT系のプロジェクトマネジメント支援サービスも行なっている企業が多い。	A.T.カーニー、ボストンコンサルティンググループ、マッキンゼーアンドカンパニー　など
IT系	システム導入自体、システム導入の「前段階」「後段階」に関するコンサルティングを行なう。	ウルシステムズ、日立コンサルティング、フューチャーシステムコンサルティング　など
人事系	人事・年金業務に特化し、年金制度改革や能力主義をベースとした人事評価・給与制度の設計、年金運用や社員意識変革給与計算事務のアウトソーシングまでを行なう。	マーサーヒューマンリソースコンサルティング、ヘイグループ、ワトソンワイアット　など
シンクタンク系	業界横断の市場調査を得意とし、政策立案や意思決定のための調査・分析業務が主体となっている。システム構築も積極的に行なっている。	大和総研、日本総合研究所、野村総合研究所　など

(注)昔は会計事務所のコンサルティング部門が独立したファームが「会計系」と呼ばれていたが、M&Aなどを経て、現在では「総合系」が会計プロジェクトを担当している。

冒頭でも触れましたが、PMOは非常に需要の高いサービスであり、ほかの戦略系コンサルティングファームもサービスを展開しています。

また、シンクタンク系コンサルティングファームでは、昔からシステム構築サービスも展開しており、新卒社員の7割近くがSEとしてのキャリアを積んでいると聞いています。そのため、SE経験者からシンクタンク系コンサルティングファームへの転職は以前から行なわれているようです。

なお、以上のコンサルタントに比べると、「人事系」は少し異質です。本書では「人事系」については触れません。

◇金融機関でのM&A後の経営シナジーを実現する経営戦略

コンサルタントの仕事を理解してもらうために、代表的なプロジェクトをいくつか紹介します。まずは、コンサルティングの花形的プロジェクトである「経営戦略」の事例から紹介しましょう。おもに戦略系コンサルティングファームで扱われる案件です。

金融機関A社はM&Aを繰り返して企業規模を大きくしてきました。しかし、規模は大きくなったものの、M&Aをした企業とのシナジー効果がうまく生まれていない状況でした。せっかくM&Aができても、シナジー効果が生まれなければ金融商品の開発力が上がりませんし、逆にさまざまなデメリットを生み出す可能性もあります。そこで、A社は当社に「経営シナジーを上げる企業戦略策定」を依頼したのです。

経営シナジーを上げるためには、A社にあるムダを〝見える化〟し、是正しなければなりませ

M&A後に経営シナジーを向上させるための提案

●煩雑な手続きの統合

現在の金融商品購入の手続きは商品によってバラバラであり、店舗によって扱う商品が異なっている。すべての店舗で同じ商品を展開できないのであれば、M＆Aによるシナジー効果は見込めない。

システム統合しなければ全店舗での同一商品の展開は不可能であるが、システムの統合には数千億円の投資が必要であり、統合したあとのシステム不具合などのリスクも非常に高い。

そこで、現状のシステムをそのまま活かしてシステムを統合できるSOAアーキテクチャを採用する。現場の作業者の訓練も必要なく、追加での教育コストも抑えられる。

●コストダウンの実現

購買や警備などの外注サービスを全面的に見直し、コストダウンを図れる業者に変更する。また、採算の合わない商品やムダな支店を廃止し、その分浮いた資金を金融商品の手数料などに還元し、商品の価値を高める。

●商品開発のスピード化とナレッジの蓄積

事務業務のうち汎用化できる部分をオフショア・ニアショアに移行する。コストダウンを図る一方で、企業機密にかかわる商品開発業務は本社へ一極集約し、商品開発のスピード化とナレッジの蓄積を図る。

ん。私がA社を調査したところ、A社がM&Aをした企業から引き継いでいる金融商品の手続きが旧来のままであることが判明しました。別々の窓口で申し込まなくてはならないため、事務手続きに多大な時間がかかり、顧客満足度の低下を招いていたのです。また、複数のシステムを保守しているために、管理コストがかさんでいました。

そして、M&A当初には人気のあった金融商品でも採算が合わないものが出てきており、M&A直後に統合しきれなかった支店の管理コストも問題になっていました。

そこでA社が抱える問題点を洗い出し、もっとも効果が上がるであろう前ページの改善案をまとめて提出しました。

結果としてA社はこのプランを受け入れました。通常、クライアントから実際の提案プランの導入まで依頼されなければ、コンサルタントの仕事はここで終わりになります。システム統合はシステムインテグレーターに依頼するでしょうし、事務営業の一部オフショア・ニアショア化はA社が自力で行なっていくことが多いでしょう。

国内でM&Aの件数は年々多くなっていますので、こういった依頼はますます増えていくものと思われます。

◆商社での原価計算システム導入プロジェクト

続いては、業種にかかわらず需要が高い「会計戦略」事例を紹介します。おもに会計系コンサルティングファームで扱われており、今回は会計士の有資格者とともに進めていきます。

商社のB社では、国内の複数拠点の事務処理がバラバラであり、システム改善による拠点事務処理の効率化が求められていました。また、SFA（営業の情報化）投資に向けた事前分析や新物流システムの導入評価と運用体制の確立という課題も抱えていました。

さらに、Ｂ社は経理部の中に情報システム課を新設したので、社内でインソースでのＡＢＣ（活動基準原価計算）業務の実現を模索していました。そこで、Ｂ社は自力でＡＢＣ業務改革を遂行できるノウハウ・システム導入をめざし、コンサルティング依頼をしたのです。

ＡＢＣとは、膨張し続ける間接費を管理し、各活動単位に正しく反映させる原価計算法です。ＡＢＣ以前の原価計算では、原材料費や人件費などの直接費の管理に重点が置かれていたため、営業活動や採用活動などの間接費の増加に対応できませんでした。そのため、ＡＢＣを導入すると、ムダな間接費を〝見える化〟することができるのです。

本件はＢ社が自力でＡＢＣを実現することが目的なので、Ｂ社内でＡＢＣ業務改革ができるメンバーを数名育てました。私と一緒に協働している会計士がＢ社の分析をしながら、Ｂ社員にその分析の方法を数か月教えていったのです。その結果、Ｂ社社員はみずからＡＢＣを用いることで、５０００万円以上のコスト削減案を出すことができました。

自社社員によるＡＢＣ手法を用いた顧客別損益計算システムを導入することにより、Ｂ社は営業利益重視の体質に転換できたのです。

もちろん、コンサルタントが企業に代わってＡＢＣシステムを導入することも可能です。しかし、クライアントによっては自社でノウハウを保有したい企業もありますし、クライアントの予算にも限りがあります。

会計系のプロジェクトには原価計算にかかわるもの以外にも、年金など社員の給与にかかわる人事系と重なるものもあります。最近では日本版ＳＯＸ法に対応するために、内部統制システムの需要が増えています。株式上場する際にも、企業が会計システムを構築していることが必須条件となっています。

コストダウンを図ったり、法令の改正に対応する際には、会計系のプロジェクトが必ず動きます。

ＳＥの方の多くは会計システムの構築経験があるのではないでしょうか。コンサルタントはシステム構築の上流工程を担当するのですが、実際のシステム構築まで考慮しながらコンサルティングしていきますので、ＳＥ経験者が活躍できる機会が非常に多いと思います。

コンサルタントとSEの仕事内容の違いと共通点

◇コンサルタントはあくまで経営を改善する職業

コンサルタントの仕事は「クライアントの問題を解決する」ことが目的です。問題を解決するためにあらゆる手段を考え実行しますので、仕事のスキルは多岐にわたります。

コンサルタントの仕事には次のようなものがあり、すべては「経営を改善する」ためのものです。

◉企業経営戦略の立案
◉事業戦略・営業戦略・成長戦略・ＩＴ戦略など、各種戦略企画の策定
◉企業再生・Ｍ＆Ａ

◉業務プロセス改革（業務効率化、コスト削減など）
◉組織改革
◉各種改革プロジェクト計画策定
◉各種改革プロジェクト実行支援（ＰＭＯなど）

それに対して、ＳＥの仕事はSystem Engineerの名が示すとおり「システムを構築する」ことです。いかにシステムの質を上げ、納期どおりにシステムを構築するかということが求められます。そのため、仕事のスキルはシステム構築にかかわるものになり、システム構築に関係のないことは仕事の範疇《はんちゅう》外となります。

ＳＥの方からすれば、コンサルタントになることは「仕事の幅が広がる」ことになりますので、広がった分に対応できるスキルや知識を新たに得る必要があります。また、いままでと違って「ＩＴで問題解決しない」という選択肢も選べなくてはなりません。

コンサルタントは問題解決で報酬をもらうので、別にシステムを構築しなくても、問題解決さえできればいいのです。

ここで、ＩＴを用いないでクライアントの問題を解決した例を紹介します。

流通業のC社が業務の効率化とシステム運用コストの削減を目的にERPパッケージを導入したのですが、パッケージが求める仕様に業務が沿わず、新業務プロセスがぎくしゃくしたものになっていました。ERP導入の際には、クライアント固有の要件に合わせてアドオン（追加開発）することが多いのですが、C社はパッケージの特性を尊重し、アドオンしませんでした。

C社はアドオンをしなかったことが問題の原因だと感じており、アドオンをするために改善点を整理していました。そのうえで、C社は当社に「効率的なアドオンを実現する」ためにコンサルティングを依頼したのです。

もしSEであれば、クライアントの要望通りに効率的なアドオンを実現すれば仕事は大成功です。しかし、コンサルタントはクライアントの想像以上の経営改善ができなければなりません。たしかに、アドオンすればC社のERPパッケージは効果を上げることはできます。しかし、ERPパッケージは単なるソフトウェアではなく、企業全体を経営資源の有効活用の観点から統合的に管理し、経営の効率化を図る「企業資源計画」を実現するための統合ソフトウェアです。アドオンせずとも、正しく使えていれば一定の効果は見込めるはずです。

アドオンするにも多額の費用がかかります。そこで、私は次のような提案をC社にしました。

◉C社のITシステムに手を加える必要はない。

◉多くの企業で採用されているERPパッケージならば、ERPパッケージに沿って運用するだけである程度の効果は出るはず。

◉パッケージの特性を尊重したいのであれば、できる限り業務をパッケージの求める仕様に合わせる努力をして、どれだけ導入効果があったか実際に計測すべき。

◉まずはある程度の効果を上げたうえで、さらなる改善（＝アドオン開発）の判断をする。

◉必要な費用をいただければ、当社が必ずアドオンを大きく上回るコスト削減効果が可能な業務プロセス改革法を見つけ、改革プランの策定をする。


C社側は思ってもない提案だったために戸惑ったようでしたが、この提案はC社に受け入れられ、2か月で約1000万円の費用を投資してもらえました。

さっそく私はC社の業務プロセスを緻密《ちみつ》に洗い出し、アドオン要件の明細を精査して、現場で何が問題だと思っているのかを分析しました。

そして、分析結果からERPパッケージ特性に合う新プロセスへの改革案を考え抜き、十分な検証のうえで効果を試算しました。その結果、なんと年間3000万円の経費削減が期待できることがわかったのです。

C社はこの報告に喜び、「ITに手を加えないでこれだけ効果が出るならば、業務プロセスだけ改善したい」とコンサルティングを評価してくれました。

このように、コンサルタントはITに手を加える前にすべきことがあれば、たとえクライアントが依頼したことではなくとも、クライアントが最大限に経営改善できるような問題解決をしなければなりません。

SEの場合は、システム構築ありきなので「どうシステムを構築・改善するか」という視点で物事を考えます。しかし、コンサルタントの場合は「どの手段で、どうクライアントの問題を解決していくか」という視点で物事を進めていかなければならないのです。

◇プロジェクトマネジメントはコンサルタントとの共通スキル

SEからコンサルタントになる場合、まずはSEとコンサルタントに共通するスキルを磨くのがコンサルタントへの近道になります。

先述したとおり、コンサルタントは問題を抱えているプロジェクトに参加し、メンバーとしてプロジェクトを立て直すことも多いです。

その際、みずから率先して〝お手本〟を見せるためには、一緒に働いているSEのことを理解していなければなりません。たとえどんなにコンサルタントの個人能力が優れていようとも、チーム全体の士気が上がらなくてはプロジェクトが成功しません。

SE経験があるコンサルタントはプロジェクトとSEについて理解できているので、プロジェクトの問題点をどう特定し、メンバーの士気をどう上げていくかということに長けています。そのため、コンサルタントの主要な仕事の1つであるPMOについては、SEから転職したコンサルタントは即戦力として活躍できることでしょう。

◆ITスキルがなければ何も見積もれない

「ITスキルだけ」ではコンサルティングできませんが、もちろんITスキルはコンサルティングに十分活用できます。なぜならば、経営改革を実施するためには、システム改革も必須であり、「経営とIT」は切っても切れない関係だからです。

ここで、「5000万件の書類と情報システム上の記録をつき合わせる」プロジェクトがあると仮定しましょう。

実際に可能かどうかは別にして、「1件あたり1時間で照合できるしくみを3か月で開発」「作業員を1万人動員」とするとしましょう。５０００万件をつき合わせるのですから、１人で５０００件を処理することになります。1万人にひと月に20日間・1日当たり16時間作業をしてもらうと仮定すれば、約15・6か月の期間が必要になります。しかし、予定通りにプロジェクトが進まないこともあります。

そこで、作業ミスで不具合が発生すると、手戻りによるロスで3割余計な工数が必要になると想定すると、総合的に「約20か月の作業期間＋手順設計の3か月の23か月」があればつき合わせは完了します。

ところが、4か月かけて完璧に自動照合できる、カバー率99％のシステムを構築できれば、「1％＝50万件」の処理だけを人手で補えばいいことになります。この場合、５００名を1日10時間、約5か月の間動員するだけですみ、もしトラブルが起きたとしても、1年以内にはプロジェクトは完了するでしょう。

業務のＩＴ化で劇的な効果を上げるためには、入念な設計・開発能力はさることながら、網羅的な要件定義能力が求められます。このＩＴスキルこそがコンサルティングに活きるのです。ＩＴスキルがないと「ＩＴを用いるべきかどうか」「ＩＴを用いたとき、ほんとうに効果が出るのか」という判断ができません。

ＩＴにくわしくないのに、「ＩＴ化」が魔法のランプのように何でもできると思っている方がいまだにいます。しかし、ＩＴが何を可能にするかを正確に把握できていないと、プロジェクトを破綻《たん》に導いてしまう可能性があるのです。

私が企業戦略をＩＴで具体的な（ビジネス）ケースに落とし込むとき、システム構築の実体験が実に役立っています。戦略の企画段階、初期の計画段階でシステム構築的にプロジェクトが成功しそうかどうか、どのようなところで苦労しそうか、何が成功へのきっかけになるかをスピーディに思い浮かべられるのです。

システム構築経験から導き出される「戦略定義書にあるこの1文は、ＩＴ化することが非常にむずかしい」「この戦略における実行施策は、ＩＴ化しても業務が複雑になりそう」という判断は、ＳＥ経験があるからこそ的確にできるものだと思います。

経営戦略をＩＴ戦略→システム設計→システム構築というプロセスへ落とし込む苦労を何度も経験している。この点が、ＳＥ出身のコンサルタントが重用される理由です。

SEが新たに身につけなければならないこと

◇「体力」「献身的な姿勢」「俯瞰力」がコンサルタントには必須

SEからコンサルタントになるためにはスキルや基礎力を身につけなければなりません。どれもほんとうに基本的なものですが、私の経験上、「体力」「献身的な姿勢」「俯瞰《ふかん》力」の3つがコンサルタントに欠かせないものであると思います。これらが1つでも欠けていると、すべてがうまくいきません。

●体力がなければすべてが始まらない

SEの方でも同じだと思いますが、コンサルタントは多大な仕事量をこなさなければならないので「体力」が一番重要です。アンダーセン・コンサルティングにいた頃、当時の社長が「コンサルタントは体力が基本である」といっていました。「たとえ優秀でも、体調不良でよく遅刻・早退・欠勤する人間はいい評価をできない」と公言していたのです。

私もそのとおりだと思います。いくらスキルが高くても、そのスキルを活かせなくては意味がないからです。とくに、M&Aにかかるシステム・業務の統合、新規ビジネスの開業にともなう基幹系システム&ビジネスプロセスの構築・導入といった、大規模なコンサルティングプロジェクトなどでは1日の休みが進捗に大きな影響を与えることもあります。

大規模なコンサルティングプロジェクトほど困難が非常に多く、プロジェクトもなかなか進行しません。そのような大型プロジェクトにおいては、メンバーのモラール管理もさることながら、健康管理もかなり大事なコンサルタントの仕事です。

数百人規模のプロジェクトでは、たかが風邪といってあなどれません。一定割合に風邪が流行ると進捗が大きく遅れてしまいます。そんななか、手本を示すべきコンサルタントが体調管理できていないのでは、全体の士気を下げてしまいます。またプロジェクトの舵《かじ》取りをしているコンサルタントが抜けてしまうと、プロジェクトが機能しなくなる可能性もあります。

さすがにインフルエンザのときなどには休みますが、フォローに入っているコンサルタントや協働している現場のSEの方に家から電話やメールで適宜指示しなくてはなりません。

●献身的な姿勢を常にクライアントに示す

体力の次に必要な基礎力として、「献身的な姿勢」が挙げられます。何事でもクライアントを〝大事なお客様〟と思って行動しましょう。

コンサルタントも〝客商売〟なので、「コンサルタントに問題を解決してもらった」とクライアントに感謝されて初めて仕事が成功したといえます。

コンサルタントの献身を表わすことばに「プチ転職」があります。クライアントに尽くし、プロジェクトを遂行した後にその仕事を離れるときには、転職にも似たちょっとした寂しさを感じるものです。

そして、次のプロジェクトに参加するときには、新しい会社に勤めるつもりで気持ちを引き締めてとりかかれるように頭を切り替えます。

SEでもプロジェクトごとにプチ転職気分を味わう方もいると思います。しかし、コンサルタントはSEの方よりも短期間で数多くの案件にかかわるため、プチ転職の回数が非常に多いです。なぜならば、システム構築コンサルティングの場合、コンサルタントはシステム構築プロジェクトの上流から下流まですべてをコンサルティングするとは限らないからです。

戦略企画プロジェクトの場合は、2、3か月で確実に節目が来て終了します。

しかも、コンサルタントはキャリアが上がっていくとプロジェクトの「掛け持ち」も多々発生してきます。ＳＥの方はシステムが構築されるまで同じ仕事が続きますので、それに比べるとコンサルタントがかかわる案件は格段に多いです。

●プロジェクト全体を見渡せる俯瞰力

コンサルタントは「俯瞰力」も身につけていなければなりません

問題を抱えたプロジェクトの支援をする場合、〝現場の目〟が活きると既述しましたが、もちろんそれだけではダメです。なぜならば、プロジェクトの大局を見据えたうえで、現場を細かくマネジメントする必要があるからです。

俯瞰力に優れている方は、細かなマネジメントが苦手で個々の精度が低かったり、逆に細かく現場のマネジメントができる人は全体を把握できずに納期に遅れたりすることが時としてあります。しかし、コンサルタントには「木を見て森も見られる力」も必要です。

プロジェクトに危機が迫っていることをいち早く察知し、即座に対応の手を打てるように俯瞰力を身につけましょう。また、営業場面で常に相手の１歩先を読んで行動するためにも全体を見渡せることが必要です。

コンサルタントに求められる基礎力についてくわしくは2章で、またプロジェクトマネジメントスキルは3章で解説します。

◆ある程度の提案スキルも必要

SEの場合は、システム営業やプリセールスといった営業職が案件を獲ってきて、その案件に配置されるという場合が多いと思います。そのため、営業活動をしたことない方も多いことでしょう。

しかし、コンサルタントは基本的に自分で仕事を獲ります。継続案件についても、自分で継続の折衝をしますし、以前コンサルティングしたクライアントから直接依頼されることも多いです。そのためコンサルタントの場合は、みずからの提案力を駆使してコンペでプレゼンテーションができなければなりません。当然、コンサルティングファームとしては、ある程度の営業スキルを備えている人材を求めます。

交渉力が重要ですし、クライアントを納得させるプレゼンテーション資料の作成技術も求められます。さらに、身なりや言葉遣いにも気をつかわなければなりません。

◇コンサルタントになるための基礎力やスキルの身につけ方

コンサルタントの仕事はSEとは違うので、SEの感覚のままではコンサルタントになるための基礎力やスキルを身につけることはむずかしいと思います。物事のとらえ方がSEのままではなかなか身につかないでしょう。

しかし、次のような〝コツ〟さえ押さえてしまえば、無理なく基礎力やスキルを身につけることができます。

◉何事にもスピードを重視する。
◉オリジナリティにこだわらない。
◉できるだけ相手に合わせる。

たとえ、どんなに価値あるアウトプットができたとしても、タイムオーバーでは意味がありません。また、独自性や自分のスタイルをクライアントに押しつけても、円滑な交渉はできません。

この3つを常に意識していると、コンサルタントとしてのスキルを身につけるときに役立ちます。

本書ではコンサルタントになるためのノウハウを紹介していますが、ＳＥの現場でも大切なことばかりです。２章のタイムマネジメント術は日々の仕事で役立ちますし、３章のプロジェクトマネジメントスキルはＰＭＢＯＫ（注）をベースとしているので、どんなプロジェクトでも活用できます。自分のいつもの言動と比べながら読み進めてください。もし自分の考え方がコンサルタントの考え方と違っていたら、「どこがどう違うのか」注意して読んでください。

（注）ＰＭＢＯＫ（Project Management Body of Knowledge）はＰＭＩ（プロジェクトマネジメント協会）がプロジェクトマネジメントの枠組みを知識体系化してまとめたもの。「ピンボック」と読む。

解決しておきたいSEの勘違い

◆英語力は必須ではないが、あったほうがいい

コンサルタントという職業が急に浸透してきたので、コンサルタントについていろいろと誤解が生じているようです。そこで、ＳＥの方がしがちなコンサルタントについての勘違いをいくつか訂正しておきましょう。

よくいわれている誤解が、「コンサルタントには英語力がないとなれない」ということです。たしかに、コンサルタントに「英語力は必要」です。より正確にいえば、「入社時に英語力は必須ではないが、あったほうが仕事の幅が格段に広く」なります。

当社は外資系であり、創業者は英国人で本社は米国にあり、米国本社の社長はインド人です。

東京オフィスの社長は日本人ですが、約100名のスタッフのうち4分の1が外国籍です。バイリンガルスキルが求められるプロジェクトが2割強は存在します。社内の会議に英語が多用され、資料は日本語と英語が混合されており、日本人同士の会話は日本語中心で進みますが、議論に外人が入ったときは英語に切り替わります。

欧米の「ベスト・プラクティス」という先進事例から有効な部分だけを抽出し、日本国内へ導入・展開方法を考えなければなりません。そのため、英語から日本語への変換能力が求められます。

場合によっては、欧米のプロジェクト担当者やクライアントに会ってヒアリングしたり、テレカンファレンス（電話会議）で情報収集・意見交換したりすることもあります。電話では相手の顔が見えないので、より高い英語での聞き取り力が求められます。

ですので、すでに英会話や英語のライティングに自信のある人は、大きなアドバンテージがあります。そのため、たとえコンサルティングの基礎スキルが少々欠けていても、バイリンガルというだけで欠点を補うことが可能です。

前職の資料はすべて英語でした。管理職になってからは、エグゼクティブ・ミーティングの会話も英語になりました。私は英会話が苦手でしたので、慣れるまで非常に辛かったです。

外資系企業にいるので英語が堪能だと思われることが多いですが、採用試験のときに受けたTOEICの点数は990満点中430点でした。最終面接の際、面接官だったパートナー（役員）に「北添君のTOEICの点数は新入社員145名中、下から5番目ですよ！　まあ、ほかのスキルがあると思うので、入社後に頑張って英語を覚えてくださいね！」と言われてしまいました。

いくら外資系コンサルティングファームといっても、英語ができないからという理由だけで落とされることはありません。英語は入社後に勉強すればよく、入社時には勉強する姿勢が大事なのです。プロジェクトによってはまったく英語が必要のない、純日本語環境も多いと思いますが、コンサルタントビジネスを堪能したいなら、「絶対に英語を勉強する」つもりでいましょう。

◆すぐリストラされることはないが、査定は大幅に変動する

日本型企業や日本文化に溶け込んだ外資企業でSEをしている方は、外資系企業は結果を出さないと有無をいわさずリストラされると思っている方もいるかもしれません。ですので、「リストラ」についても説明しておきます。

海外のコンサルティングファームではリストラのリスクは高いのですが、日本では労働基準法がありますから、不正行為でもしない限りは強制解雇されることはありません。ただ、企業の業

業務に求められる英語スキル

リスニング	単純に社内での会話であれば、理解できないことを何度も聞き返せばいいのですが、対クライアントとなると何度も聞き返すわけにもいきません。正確に聞き取れるかがとても重要になります。実際、外資系クライアントとプロジェクトチームを編成すると、各種ミーティングの議事録を作成する際にリスニングが必須になります。リスニングが欠けていると、議事録作成のために出席者が全員集まって「○○と言ったのではないか」という冗長な議論をするはめになり、時間を浪費します。
リーディング	外資系プロジェクトで求められるリーディングは正確で速いものです。短時間でざっと全体に目を通し、概要をスピーディにつかむ「斜め読み」が英文でも可能なことが、コンサルタントに必要なリーディングのレベルです。
オーラル(会話)	基本は「シンプル・イズ・ベスト」で、わかりやすい言い回しを心がければ、相手や周囲はきちんと「行間を読んで」くれます。安心して、自信を持ってしっかり話しましょう。しかし、電話で会話するときには少し特殊なスキルが必要です。発音が類似するような単語を回避し、同義の別単語に置き換える能力が求められます。
ライティング	正式なビジネスライティングにはきちんとした体系の習得が要求されます。しかし、英文メールであればいくつかの表現パターンを学習すれば、一応はOKです。注意が必要なのは、外資向け(英語)と本邦向け(日本語)の提案書では、目次構成が大きく違うことです。表現技法も異なります。正しい知識を知っている人から、入社後に正しい「Professional Writing」術を習得しましょう。
ボキャブラリ	単語力・熟語力は重要です。ボキャブラリが豊富だと会話がギスギスしないので、円滑にコミュニケーションをとることができます。新人のころ、先輩に「英語のジョークで笑わせられたら半人前、英語で喧嘩できたら一人前」と教わりましたが、まったくそのとおりです。ボキャブラリはできるだけ継続的に鍛錬し、より充実させるように努力することが重要です。また、日本語同様に最新の「流行言葉」を適宜キャッチアップすることは、英語力を上げるコツです。

績がいままで通りには見込めないときには、来期もコンサルタントに同じ職位・職責・待遇を保証するのはムリです。

ＳＥの方でも同じだと思いますが、コンサルタントも職位が下がると顧客への請求費用（単価）も下がり、待遇も下ります。簡単にいえば、「降格＝減給」です。

もちろん、コンサルタントには降格は受け入れにくい提案であり、経験上９割以上は退職していきます。経営者側とすれば降格と減給を納得してもらえれば、再び昇格するチャンスとして案件を提供します。しかし、コンサルタント本人がそれに納得できなければ、企業としてはそれ以上のことはできません。

結局は経営者側と社員の双方が完全に納得することはありえません。リストラが〝加速〟したり〝減速〟したりすることはありますが、そもそも企業が通年で実行していく管理プロセスの１つだと私は思います。

日々進歩するＩＴによって、旧来と同レベルのサービス品質では価格的に競争できなくなっています。そのため、「業界の灯を燈《とも》し続ける」ためには、競争優位性を保つために必要となる成長カーブについていけない人は、いずれその業界から退場するしかないと思います。

◇業務知識は少なくてもいい

クライアントの業種は多岐にわたります。金融、機器メーカー、医療、バイオ、流通、小売など、それぞれの業種によってコンサルティングも大きく変わります。ＳＥの方も業務知識は重要だと感じていることでしょう。

もちろん、業界知識はあったほうが得です。しかし、コンサルティング対象のクライアント企業の特有の事情を知ることはむずかしいことです。

極論かもしれませんが、所詮コンサルタントはクライアント企業で働いているわけではないので、すべての業務知識を身につけることはできません。しかし、たとえ業務知識が不十分でも、次の姿勢でクライアントにかかわることがコンサルタントには求められます。

◉少しでも速く、効率的に情報を収集・整理する。
◉インプットに対して、自分なりの客観的な考えができる。
◉成果を創出していく過程で、相手に気づきを与え、自然に相手をレベルアップさせる。

プロジェクトを手がけることが決まったら、コンサルタントはクライアントに関する情報を貪欲に収集し、効果的に整理して、そこから得られた自分なりの考えをクライアントに提案して、問題を解決していきます。

◇コンサルタントは〝先生〟ではなく〝お手本〟

コンサルタントは、問題解決だけすればいいわけではありません。みずからの〝高度な技〟や〝知恵〟を提示しながら、クライアントにも実践してもらう〝お手本〟としての役目も果たさなくてはならないのです。

日本では少し前まで「コンサルタント＝指示だけをする人」という考えがあり、コンサルタントは良くも悪くも〝先生〟と認識されていたと思います。

コンサルティング依頼が戦略プランの提示だけのときもありますが、実際には戦略プランの実施支援まで依頼されることも多いです。そのため実務に従事し、実務者として実力を見せて〝お手本〟となることも重要です。

たとえば、ＰＭＯの支援者として、全社的なコンサルティングをしたとしましょう。

その結果、「大きな問題を抱えた特定のチームにおける進捗・品質の改善こそが最重要なプロジェクトマネジメント・テーマ」とコンサルティング結果を出したとします。ここで問題点が断定されましたが、根本的な問題解決には至っていません。

その場合、コンサルタントみずからその現場に降りて実務を支援し、手本を見せながらチームを立て直します。問題を抱えたチームのリーダーの補佐・参謀役としてプロジェクトに参加することもあれば、表向きは目立たずに、チームリーダーの黒子に徹して実務を影で代行することもあります。

このように、コンサルタントは戦略を練るだけではなく、実際にプロジェクト現場に登場し、プロジェクト自体を立て直すこともあります。

プロジェクトの立て直しのなかでもいわゆる〝炎上〟したプロジェクト支援は、非常に高度なスキルとタフなメンタルを求められます。誰かが投げ出したプロジェクトを再建することが至難の業ということは、炎上プロジェクトにいた不幸な経験を持つＳＥの方なら想像するにたやすいと思います。

多くのメンバーが途方に暮れているプロジェクトにおいて、士気の低いメンバーに活力を与え、かつコンサルティング結果を示せるような強烈な成果をコンサルタントは出し続けなければなりません。

◆危なくなっても、最後まで困難に立ち向かわなければならない

ＳＥのなかには「コンサルタントはプロジェクトが破綻しそうになったら逃げられる」と思っている方もいるかもしれませんが、そんなことはありません。

たとえ、どんなにプロジェクトが炎上しようとも「高い費用を払って雇ったコンサルタントだから、どうにかして欲しい」というクライアントの声に応じ、プロジェクトを最後まで支援しなければなりません。

また、得意領域でない仕事でもコンサルタントとしての高い成果を求められたり、明らかに人数不足のなかで仕事をしなければならなかったりすると、神経が相当疲れます。

ここまではＳＥの方と同じですが、コンサルタントの場合はとくに次のようなストレスを感じると思います。

◉自分の不備・不手際によって、後続（たとえば要件を決めたあとはＳＥが実装を進めるなど）に大きな影響を与えてしまうという、自分の責任の大きさに対するプレッシャー。

◉費用面で明らかに〝高い〟メンバーの部類になるため、常にコスト意識に苛《さいな》まれてしまう。

◉いくら時間をかけても解決できない、アイデアを要する問題・作業が多い。

ＳＩ業界ではメンタルケアの重要性が叫ばれていますが、コンサルタントも同様です。

就職・転職サイトを見てみると、コンサルタントのいいところばかりが取り上げられている気がします。しかし、コンサルタントの良い点、辛い点をきちんと理解したうえでコンサルタントをめざしてください。

第2章

コンサルタントになるための基礎力・考え方

1日の仕事量と優先順位の決め方

1章でお話したように、2章ではコンサルタントに求められる基礎力や考え方についてくわしく説明しましょう。

◇転職前に身につけておくもの

コンサルタントはクライアントの抱える問題を解決して、クライアントを満足させることが仕事です。クライアントに満足してもらうためには、プロジェクトを完成させるにあたって「早さと品質のバランスをとる」ことが大切です。基礎力や考え方は、コンサルタントがこのことを実現させるために必須なものです。

では、その基礎力・考え方にはどのようなものがあるのでしょうか。コンサルタントになりたいと思っているSEがいまのうちに身につけておくべきだと私が考えるのが次のようなものです。

●タイムマネジメントスキル　●アウトプットスキル　●ドラフトライティングスキル
●こだわり　●外見と振る舞い　●長所の磨き方　●短所の克服法

挙げだしたらキリがないので、最低限のものだと思ってください。ただ、これらはSEとして仕事をしている現在でも取り組むことができ、なおかつSEの仕事をするうえでも役立つことばかりです。

これからそれぞれがどのようなものかを説明し、どうすれば身につくのかお話しします。

◇タイムマネジメントの基本はクリティカルパス

コンサルタントの基礎力として「タイムマネジメントスキル」は非常に重要です。コンサルタントは常にクライアントよりも先手を打ち続けなければなりません。そのためには、すべてのことを前倒しで進めなくてはなりません。

とくに、PMOのときには人のスケジュール管理をすることになりますので、常に1日に行なう仕事の順番を気にかけましょう。私は次ページの図のような1日を過ごしていますが、このス

私の基本的な生活パターン

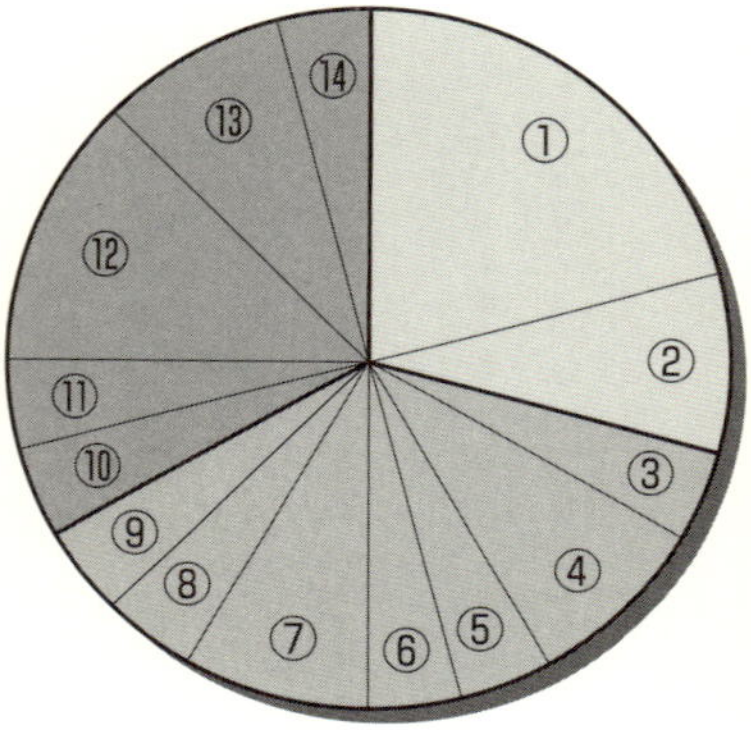

（単位：時間）

① 睡眠	5
② 朝の仕度と通勤（往復）	2
③ 日中の移動時間	1
④ メールチェック	2
⑤ 管理事務	1
⑥ プロジェクト巡回A	1
⑦ プロジェクト巡回B	2
⑧ 営業・提案活動	1
⑨ 情報収集・分析・整理	1
⑩ ブログ・その他休息	1
⑪ 朝・昼食	1
⑫ 会食関係	3
⑬ 趣味の時間	2
⑭ 英語その他の学習	1

ケジュールをこなすためには次々と仕事をこなしていかなければなりません。

タイムマネジメントをする際に、SEの方ならば全員が知っている「クリティカルパス」を利用します。誰かのアウトプットがないと始められない作業は該当者の状態を常に確認し、現状から最適の作業順序を割り出し、必要に応じて組み替えましょう。

仕事Aをするためには、完了するのに3日かかる仕事BCまで終わっていないとならないのに、Cがまだ完了していないこともありえます。この場合、ガントチャートだけを使っていてはCが作業中であることに気づかず、Aをしようとしたときに慌てることになります。

たとえば、10日以上かかると見積もられた仕事が1日で終わることは奇跡ですが、現実には起こることもあります。しかし、奇跡は疑ってかかりましょう。

この場合、「品質が犠牲にされた」もしくは「実は虚偽の報告だった」可能性が高いです。もしこのような虚偽がすぐに発覚せずに一時的に通ってしまい、後々になって嘘が見つかれば、そのポイントまで戻ってやり直さなければなりません。

そんなトラブルを防ぐためにも、常に仕事が正常に進んでいるかを注意し、全部終わらなかった場合にはどの仕事が今日の〝犠牲〟になり、翌日以降バックアップすることになるかを把握する必要があります。

昔、トラブルを抱えていたプロジェクトに着任したとき、あるチームリーダーの作業計画書がA４ノートに3ページにわたって書いてありました。普通ならば、1か月以上かかる計画です。そこで、「いつまでにこれ終わらせるのですか?」と聞いてみたところ、「今日中です…」という答えが返ってきました。まさかと思いつつも「全部ではないですよね?」と聞いたら、「全部です!」という予想外の答えでした。

このように、炎上しているプロジェクトには、いままでの遅れを無理に取り戻そうと暴走している方が多いのです。しかし、コンサルタントはこういった判断能力が欠如してしまった人を正しい道筋に戻さなくてはなりません。

仕事の優先順位を“見える化”する「話3分の1の法則」

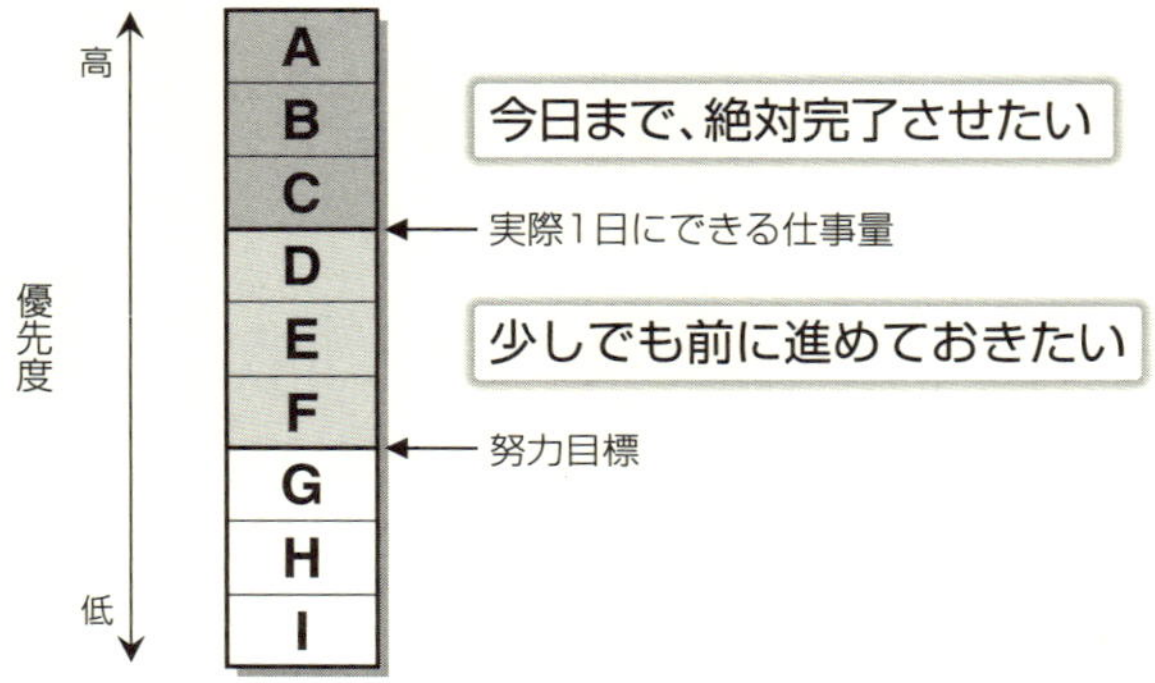

常に正しい判断ができるように、基本的なタイムマネジメントはいつでもできるようにしておきましょう。

◇「話3分の1の法則」で仕事を割り切る

クリティカルパス以外のタイムマネジメント術として、「話3分の1の法則」というものをアンダーセン・コンサルティングの頃に学びました。それは「今日絶対終わらせようと思ってリストアップした作業タスクは、だいたい3分の1くらいしか終わらない」という法則です。さまざまなプロジェクトを経験したうえで言えることは、〝まったくその通りだ〟ということです。

まず、今日やりたいと思っているタスクをすべて書き出します（ちなみに、私はこの作業を毎日メールに書いて、自分宛に送信するようにしています）。

最初は順不同で書き出し、「今日までに絶対完了させたい」「少しでも前に進めておきたい」ことを、すべて書き出します。最初にリスト化してしまえば、あとは順次加えていけばいいので、とにかく最初に紙やメールにしたいことを書き出します。

書き出しが終わったら、「絶対に今日完了させたい」「少しでも前に進めておきたい」ことから優先順位をつけて並べ替えましょう。そして、改めて今日の目標を定めます。さらに、書き出したリストの途中で、「ここまでが今日の限界＝努力目標」と思うところでいったん線を引きます。

人が努力目標で引いた到達ラインは挑戦的になっています。そのため「今日やらなければならない」ことだけではなく、「今日やっておきたい」こともどうしても足されてしまいます。

ところが、スケジュールにそって仕事を進めても、なかなか目標通りには仕事が終わらず、必ず仕事が残ります。結局、大抵の場合には目標の「3分の1」ほどしか仕事が終わらないのです。つまり、予定は消化できず、残ってしまうものだと割り切るのが正解です。そのうえで、「そのくらいしかできなかったらどうなるか、そのときはどうするか」を考えておくことも必要です。

タスクリストに積み上がっていく仕事はできる限り早く処理したいと思うのが人情だと思います。しかし、1日の時間には限りがあり、物理的にできないことは非常に多いのです。

コンサルタントは次から次へとやることが増えていきます。そのため、リストアップした作業タスクのうちの3分の1以上仕事が終わればその日は大成功なのです。

できないことまで急いで処理しようとした結果、すべてのことが破綻してしまっては意味がありません。

「明日できることは明日にする」という考え方ですが、「今日やらなければならない」ことが確実にできればいいのです。

ただし、自分に甘い場合には、今日すべきこともしきれない危険性がありますので、注意が必要です。

◇大量のメールは返信ルールを決めて対処する

タイムマネジメントを考えるとき、バカにできないのが「メールの処理」のための時間です。

私の場合、受信メールは1日で平均50通、返信や新規作成を合わせると、合計100通以上のメールを送受信しています。1通を処理するのに30秒かかるとすれば、100通さばくのには約1時間かかります。もし1通さばくのに1分かかるとすれば2時間弱かかり、これだけで午前が終わってしまいます。

極端な例だと「CCで来たメールは読まない」「TOでも5名以上の宛先があったら読まない」

「件名で読むか読まないか決める」というポリシーの方もいるらしいですが、読むべきメールを読まなかった場合はトラブルを起こしかねません。もし相手が「メールを送ったら当然読んでくれるものだ」と思い込んでいる方で、しかもプロジェクトのキーパーソンの場合はプロジェクトに多大な打撃を与えることもあります。

私のメールチェックの基準は次のようなものです。

◉緊急度が「至急」になっていたり、タイトルに明らかに至急・重要だと記載してある。
◉「CC」が少ない、また複数ではなく自分だけに「TO」指定されている。
◉文章が手短で簡潔（メーラーのプレビューで収まるサイズ）。
◉別途メールした旨の連絡がある。

メールをチェックして返信するものもありますが、電話のほうが速くすむ返事は電話でしています。もし対面する機会があれば、口頭ですませます。

残りの、緊急性のないメールは〝できる限り〟返信を先送りし、翌朝まとめて処理します。こうすることで、メールチェックにかかる時間を短くできるのです。

ゼロから何かを出せますか？

◆コンサルタントはアウトプットが命

ＳＥの場合は、クライアントから十分なインプットを得たのち、要求定義として最初のアウトプットをすると思います。十分なインプットをクライアントから得るためには追加のヒアリングやアンケート調査、現場調査を繰り返すことが求められます。そのため、可能な限り時間をかけて、より良い要求定義をすることが求められると思います。

しかし、コンサルタントの場合には〝スピード〟が求められます。いかに速くクライアントの問題解決をするかということも重要なポイントなのです。

そのため、コンサルタントには「追加の調査をしなくとも、与えられているインプットから最高のアウトプットをする」ことが求められます。

アンダーセン・コンサルティング時代に「コンサルタントというのは、ゼロインプットでも何らかのアウトプットができる人」と、尊敬していた先輩が常に言っていました。

何もないのに何かを出すというのは〝極論〟だと最初は思いましたが、しかし、コンサルタントとして経験を積んでいくと、極論どころか〝正論〟ではないかと思うようになりました。

ただ〝アウトプット〟といってもピンとこないと思いますが、アウトプットとは次のいずれかのスタイルで提供する成果物です。

①クライアントの悩みを完全に解消する。
②まとまらないクライアントの考えをうまく整理して、問題解決法を導き出させる。
③クライアントの考えに対して外部有識者たるお墨付きを与える。

たとえば、コンサルティング対象についての勉強を十分しており、かつ類似事例を経験していれば、自信ある提案ができるので①のスタイルで対応可能になります。

しかし、いつもそんなに都合のいい案件とは限りません。その場合は自分が問題解決を完璧にするのではなく、クライアントから問題解決の答えを引き出します。「どうしたらクライアントの考えをまとめて、問題解決できるか」という道筋がイメージできれば、②のスタイルで対応します。

また、①ができることを前提として、他社の事例や一般的な方法論、外部動向との分析・比較までつめていれば、③のスタイルが可能です。

ゼロから何か出すというのは極端ですが、与えられたインプットから仮説や選択肢をつければ、何かしらのアウトプットはできます。

システム構築の場面でいえば、「クライアントから言われてないので、要件として認識していない」ではなく、「何もインプットはいただいてないですが、おそらくこういった要件があるのではないですか？　そうであれば、ご相談に関するソリューションはこのような形になると思われます。何か違和感や間違いなどあれば、改めてインプットをいただけないでしょうか？」という対応が必要なのです。

このような対応も入念な準備があって初めて可能になります。クライアントとの初顔合わせでも、クライアントのＷｅｂサイトや四季報など、公開されている情報をすべて集め、おおまかなポイントを整理しておきましょう。

そして、会う方が著名な場合には、インターネット上の記事を確認したり、著書や雑誌の寄稿、講演情報などを調べたりしておくと、ミーティングの話のつなぎに使えます。

コンサルタントにとって、非常にまずいのは、「正確でない＝間違ったことを言う」ことです。クライアントが公開されている情報は「コンサルタントならば知っていて当たり前」と思っている可能性が非常に高く、今後の信頼関係構築にかかわります。また、公開情報を押さえておかないと「今後出す予定のアウトプットの正確性」と「アウトプットの創出スピード」の両方において損をしてしまいます。

ただし、公開情報とはいえ、書かれている内容を信じ過ぎてはなりません。ある管理職セミナーを受講した際、新聞記事ですら統計的信憑性は60％程度と思っていたほうが良いということを学びました。

「公開されている＝事実」と思いがちですが、結局は誰かが主観を混ぜて書いた内容であり、必ずしも真実とは限りません。その真相をクライアントに確認することもコンサルタントの大事な営業活動だと思います。

加えて、プロジェクトマネジメント・サービスの提案機会で対象プロジェクトがトラブルに悩んでいるようなケースでは、「2ちゃんねる」などの掲示板で変なスレッドが立ってないかのチェックもします。

こうすることで、ある程度は会議中のタブーや触れてはいけない（と思われる）話を選別しておくことができます。

◆打合せごとに必ずアウトプットを渡そう

最初のアポイントメントのときだけ打合せをしっかりしても意味はありません。2回目以降の準備も抜かりなくしておきましょう。

次回のやりとりで想定される質問や相談に関しては、公開されている情報収集に加え、そこまでの活動から得られた情報や教訓を活かして、自分なりの回答を軽くでもいいので考えておきましょう。

そして、前回のやりとりで持ち帰った件については、それに対する答えだけではなく、後に予想される次のやりとりのことを想定した準備をしておきます。

最初の訪問時に相手が感心するようなアウトプットをすることはむずかしいものです。しかし、クライアントは毎回打合せのたびに貴重な時間を〝投資〟していますので、毎回何かしらクライアントのためになるアウトプット（お土産）が必要です。

ここで覚えてもらいたいのが、「アウトプットは何も資料などを提供するだけではない」ということです。「有意義なミーティングだった」「今日の話を誰かに聞かせてあげよう」など、クライアントに打合せを有意義なものであったと判断してもらうことが重要なのです。

「このくらいの情報提供は無償なのが当たり前です。実際にコンサルティングを依頼していただければ、もっとすごいアウトプットをお見せします」という姿勢をクライアントに伝えることが重要です。

しかし、あまり高度なアウトプットをこの段階でしてしまうのも問題です。私の経験上、営業期間中のアウトプットは、実際のコンサルティング期間中の基準となります。つまり、アウトプットをし過ぎると、実際のコンサルティングになってからクライアントの要求が非常に高くなってしまうのです。

そのため、適度なアウトプットを心がけましょう。そうすれば、受注後のリスクを考慮しながら営業アウトプットのレベルを判断する余裕もできます。営業中は「毎回のミーティングでクライアントにどんなお土産を用意できるか」常に考えておきましょう。

◆報告書は報告直前につくるのではなく、会議後にドラフトにしておく

ドラフト（草案）は速攻でつくらないといけないものです。たとえば、進捗《しんちょく》報告書であれば、私は「進捗会議終了後すぐ」に次回の報告書をその時点の予測で書き始めています。

プロジェクトの成果物作成状況や各タスクの進行状況、課題の検討状況などは、報告日時になるべく近い進捗状況をまとめるべきですが、毎日忙しくて会議直前に急いで書いているため工夫がなく、誤字や不手際だらけではないでしょうか？　しかも、前回の会議で指摘・依頼されたことを失念し、さらにまた違う点も指摘されることの繰り返し。こんな感じの報告書では、役に立ちません。

終わった直後は発言の内容や感じたことを鮮明に覚えています。ですので、次回の報告時に「こうなってるはずだ」「こうなっていたらいいな」「ここまで進捗させないとダメだ」という気持ちで報告書のドラフトを書きましょう。

予定通りに進捗すれば、ほとんど報告書を書き直す必要がありません。もし予定通りに進んでいなければ書き直すこともありますが、最低限必要なことは書いてあるので、少ない時間で報告書をつくることができます。時間的な余裕がなくても、「資料なしで会議」という最悪の事態は回

避できます。報告書が出てこない会議には「実りを期待できない」と思っている方は非常に多いです。報告書をつくった方が明らかに得です。

会議直後に次の報告書のドラフトを書くことで、私はいつでもある程度のレベルを保った報告書を作成しています。「いつ書くにしたって、そもそも報告書の作成時間がもったいない」という反論もあると思います。

もし「報告書の作成時間を実作業に割り振れば、予定通りの進捗を達成できる」状況だとしたら、そのプロジェクトは「局所的な問題のみを抱えていて、それ以外はきわめて順調な」状況だと思われます。しかし、大半のケースではさまざまなトラブルを抱え、プロジェクトの進行が遅れていたり、暗礁に乗り上げていることでしょう。そのような場合は、現状を正確に把握し、問題点を整理し、改善案を提示した検討資料、つまり報告書がどうしても必要です。

これからコンサルタントになろうとする方には、資料なしのリスクを最低限回避しておくとともに、その進捗達成に向けて集中するためにも、さっさとドラフトをつくることをお勧めします。

SEの方の場合、「予想されるトラブル」を起こさないように作業していくと思います。しかし、コンサルタントの場合はトラブルを防ぐとともに、トラブルが起こったときのことも想定しておかなければなりません。

そして、ドラフトを常に持ち歩き、現場で指示なり依頼をしながら自分の次の作業へ展開していくのです。報告書に限らず、すべてのことにこの方法は通用します。みなさんもぜひ実践してみてください。

ドラフトはあくまで完成版ではありませんが、次の点まで考慮してドラフトを作成しておくとあとが楽です。

◉構成
◉主要なメッセージ
◉おおむねの結論や方向性
◉おおむねの結論や方向性を支える仮説部分

以上、効果的なドラフトのつくり方を紹介しました。しかし、ここで重要なことは〝完成版に近づける〟ことです。なぜならば、ドラフトなのをいいことに「いいかげんでもかまわない」と考えている人が多いからです。

ドラフトにおいてのスピードと品質（完成度）の相関図

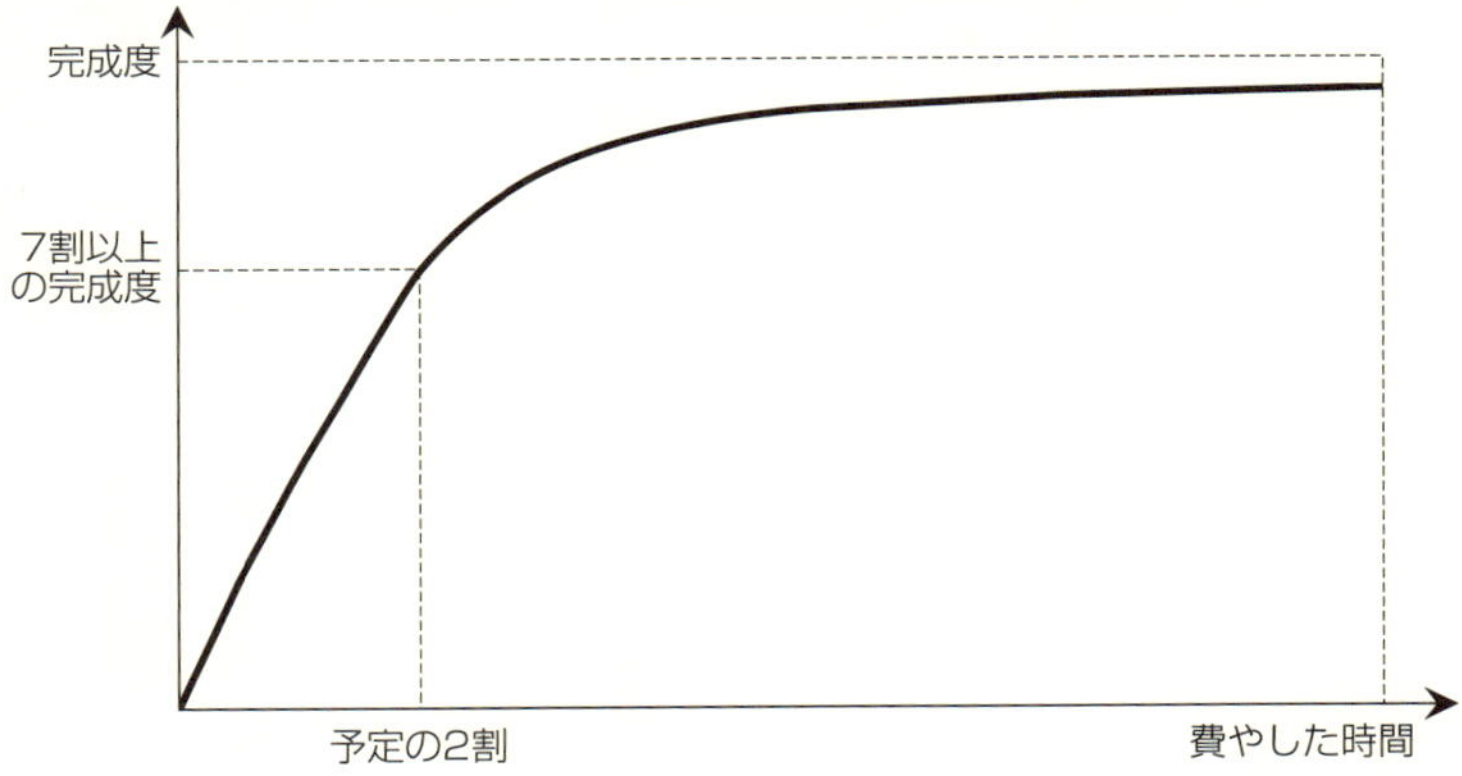

ところが、この考えは間違っています。クライアントにすれば、ドラフトであろうがアウトプットであることには変わりはありません。速いアウトプットのために「ドラフトをひとまず出してみる」というのは問題外です。

〝手抜き〟は自分が思っている以上にクライアントにはわかりますし、「最初からちゃんとして欲しい」とクレームを受けてしまいます。クライアントの信頼を得るためにも、ドラフトであろうときっちりとつくりましょう。

すべてに〝価値〟を付加しなければならない

◆表紙や目次も〝立派な〟成果物

クライアントはコンサルタントを雇うために多額の投資をしています。そのため、クライアントは投資に見合うだけの見返りを常に要求します。

たとえば、高いお金を払って一流ホテルに宿泊した場合には、すべてのサービスに〝一流〟を求めると思います。たとえ、消耗品であろうが、ちょっとした小物であったとしても求めるレベルは同じではないでしょうか。

同じことがコンサルタントにもいえます。たとえ資料の表紙や目次であったとしても、コンサルタントはクライアントの投資に見合うような〝価値ある〟成果物にしあげなくてはならないのです。

もし役員クラスの私をクライアントが雇った場合、わずかな時間で表紙と目次を書くだけでも数万円から十数万円もかかります。これだけの投資をしたのに、お粗末なもので許されるはずがありません。

私がプロジェクトマネジャーを務めたプロジェクトにおいて、基幹システムの基本設計書を10名くらいで書き上げたことがあります。約２００ページで納品額は1億円でしたので、この設計書は1ページ50万円の価値を持つ貴重な成果物になります。

つまり、表紙と目次の2枚だけでも１００万円の価値があるのです。もちろん、ページ単価を総額の平均で考えるのは適切ではありませんが、クライアントが最初に目にする2枚ですから、手抜きをしてはならないことは明白です。

常に成果物に価値を付加するためには、デザインにこだわる習慣をつけることが一番の近道です。とくに、マイクロソフト社の「PowerPoint」で資料作成するときには、以前に好評を博した実績のある共通のテンプレートを使うことをお勧めします。

テンプレートを使うことで、資料を再利用するときにスライドの切り貼りをする際、スライド内の図形などのオブジェクトの色やサイズが不用意に変形・変色する事故が少なくなります。

さらに、描画する文字や図形のサイズ、書体、配色までテンプレート化していけば、「加工」処理効率がぐっと上がります。

表紙と目次を価値あるものにしておけば、プレゼンテーションのときにさまざまな効果も期待できます。

冒頭の挨拶や提案主旨、目次構成、会議の達成目標などを説明する間は、クライアントには表紙か目次を見てもらうことになります。ささいなことかもしれませんが、ここで「なかなか凝った表紙・目次だ」と感心させることで、プレゼンテーションも好意的に受け入れてくれやすくなります。

凝った表紙にするためには、挨拶文を入れることが効果的です。表紙に「謝意」「目的」「提案姿勢」を取り入れて、提案にかける思いを受け取ってもらいましょう。

もちろん、〝普通〟の挨拶文では相手に読み飛ばされますので、提案内容の効果を一目でわかるような工夫を凝らします。

また、表紙と目次の反応を見て、以降のプレゼンテーション方法に変更が必要かどうかを調整しています。最初の反応が芳しくなければ「いつもよりも激しくメリットを強調してインパクトを与える」、反応が良ければ「クライアントの事業戦略にマッチしていることを穏やかにアピール」すればいいのです。

◆身なりや言葉遣いにも価値を求められる

コンサルタントは成果物以外の「身なり」や「言葉遣い」にも〝価値〟を求められます。また一流ホテルの例になりますが、高いお金を払った方は、ホテルの従業員の方にも〝最高のサービス〟を求めるでしょう。コンサルタントも同様に、高い投資額に見合う接客態度をクライアントに求められます。

何も高級ブランドを身につけろと言っているわけではありませんが、コンサルタントはクライアントに快く思われる身なりや言葉遣いであることもコンサルティング料に含まれていると思ってください。

とくに最近では、プレゼンテーション時の「身なり」や「言葉遣い」を重視するクライアントが増えていると思います。

たとえば、プレゼンテーションの資料を提出するときに「昨日徹夜して書き上げてきました」と、無精ヒゲで生気のない表情で提出することは、クライアントがムリを通して資料をつくらせるなど、特定の場面でしか通用しません。確実にクライアントに悪印象を与えてしまいます。

クライアントはコンサルタントの身なりを評価しています。提案は自分の企画を採用してもらうために売り込むものですから、清潔で好印象を与える身なりが重要なのは当然です。

そして、言葉遣いにも気をつかいましょう。私は誰に対しても〝丁寧〟な言葉遣いを徹底しています。フランクな社風のクライアント企業であっても、気を抜かずに丁寧な姿勢を貫きましょう。

丁寧なのは非常にいいことです。いろいろインプットを聞き出す上で、誤解されることが少ないです。また、クライアントにも「親身」や「献身」と好印象を与えることができます。

自分の長所の磨き方、苦手分野の克服法

◆まずはマネから始めよう

ＳＥの場合はチームプレーでシステム開発を進めていきます。しかし、コンサルタントの場合には〝個人〟が重視されます。実際の仕事でも、単独作業がＳＥよりも多いです。

そのため、コンサルタントは常に１人でも高レベルな仕事をこなせるように、長所を際立たせて短所を少なくしなくてはなりません。

コンサルタントはクライアントが高額な投資をするくらいの〝専門的な〟スキルを持っていなくてはなりません。しかし、よほどの天才でもない限りは勝手にスキルが向上していくことはないと思います。では、そのスキルをどのようにして身につけるかが問題です。

どんな職業でも同じだと思いますが、まずは「人のマネ」からスタートしてください。もちろん、最終的にはオリジナルなスキルを身につけなくてはならないのですが、ベースとなる基礎スキルがなくては専門スキルも身につきません。

ですので、マネできる先輩や上司のスキルを「コモディティ化できるスキル」と割り切って、素直にマネする姿勢が重要です。まずは人のスキルを自分のものにしたうえで、自分の専門スキルを身につければいいのです。

ここでの注意点として、あれこれ考えずにまずはそのままマネすることが挙げられます。そうすることで、人のスキルの非効率な点や工夫の余地を感じることができ、自分なりのアレンジをしやすくなるからです。

得意分野を磨くことは得意科目を勉強することと同じで、一度得意分野だと思ったスキルはどんどん伸びていきます。もちろん、自分より明らかに高度な他人のスキルを目の当たりにしたり、クライアントに身の丈以上のスキルを要求されたら自信をなくしたりしてしまうこともあるでしょう。

しかし、ＳＥのときにきっちりとスキルを身につけている人であれば、長所の伸ばし方でさほど悩む必要はないと思います。

「長所」は伸ばしていくものですが、「苦手」は〝克服〟する必要があります。私の経験として、得意ではない仕事を効率的、かつ効果的にこなすのには原則があります。それは、オリジナリティにこだわらず、周囲の助言やアイデアを積極的に受け入れることです。我を通さずに相手の声に耳を傾けましょう。

ただし、苦手分野の克服ばかりしていて、得意分野を磨くのを忘れてしまっては、何も取り柄のないコンサルタントになってしまう可能性があります。

私も苦手分野の克服を優先しすぎて、得意分野の勉強をおろそかにしてしまったことがあります。スキルを元のレベルに戻すのに非常に骨が折れましたので、このとき以来、私は得意分野の研鑽《けんさん》と苦手分野の克服については、バランスをとりながらするようにしています。

◇〝正真正銘〟のオリジナルは存在しない

コンサルタントをめざす方には、「いちはやく自分ならではの結果を出したい」と考えている方が多いと思います。

「再利用性は創造性に勝る」という考えがコンサルタント業界にはあります。コンサルタントには創造力が求められるのは事実ですが、創造力よりも効率性のほうがさらに大切なのです。

私が尊敬している戦略系コンサルタントの方も、「創造力」があるよりも「再利用力」があるコンサルタントのほうが大成する可能性が高いと言っていました。そもそも個人が最初につくったと主張するコンテンツ自体、かなり高い可能性で、さまざまな過去の資産や他人から得た知識の「再利用」で構成されていることが多いです。

稀《まれ》に〝正真正銘〟のオリジナルに出会うことはありますし、私にもいくつか〝完全なオリジナル〟があります。しかし、基本的には自分が過去に経験したことの「焼き直し」が大半です。

しかも、自分でゼロからオリジナルで考えて創出した「自信作」は、あまり評価されることはなく、むしろ過去の秀作から「いいとこどり」した作品のほうが、時間もかからないうえに賞賛される可能性が高いものです。

最近、指示・依頼された仕事に対して、「過去の実績や類似案件から再利用できるものがあるかどうか」、また「どこまで再利用し、どこから新しいエッセンスを創作して追加するか」という手続きを考えない若手が多いです。

彼らを見ていると「自分は絵心もあるし、メッセージ力もある。経験もそれなりに積んできたので、自分のスキルは十分実践的なレベルに達した。自分の力だけを信じている。過去の資産を再利用するにしても、あくまで自分の過去の資産のみからアウトプットをつくり出す」というスタンスなのです。

コンサルタントは自分のスキルにプライドを持っている方が多く、その気持ちはよくわかります。しかし、自分だけの狭い範囲でいくら工夫を凝らしたとしても、〝いままで以上のもの〟が生まれる可能性は非常に低いと思います。

第3章

短期間で最大の成果を上げるマネジメントスキル

経営戦略プロジェクトの失敗は企業の終焉につながる

◆プロジェクトマネジメントは経営戦略成功へのカギ

ＳＥと同じように、基本的にコンサルティングビジネスは「プロジェクト」単位で仕事を進めていきます。営業や経理のように特定の業務や機能を担うのではなく、たとえば「会計システムを構築する」といった１つの目的を実現するために組織されます。

プロジェクトはプロジェクト型組織で実施され、プロジェクトマネジャーがプロジェクトを統括します。メンバーはプロジェクトマネジャーの管理の下でそれぞれの業務に専念し、業務は兼務しません。

プロジェクト型の組織では、プロジェクトマネジャーがリソースを一元管理するので、顧客の要求や環境の変化に対応しやすいという利点があります。そのため、大規模システムの開発や特定の大手クライアント向けの継続的なシステム開発など、期間の長いプロジェクトに向いています。

プロジェクトを統括するプロジェクトマネジャーにとって、プロジェクトマネジメントスキルが重要なことは明白です。コンサルタントはさまざまな形でプロジェクトにかかわりますが、プロジェクトマネジャーが見逃していることもフォローしなければならず、プロジェクトマネジャー以上のプロジェクトマネジメントスキルが要求されます。

プロジェクトは何もシステムを開発するだけではないので、IT系コンサルティングファーム、戦略系コンサルティングファームを問わずにプロジェクトマネジメントの方法は変わりません。

そのため、プロジェクトマネジメントスキルはすべてのコンサルティングビジネスに共通の必須能力といっていいと思います。たとえ戦略系コンサルタントをめざしている方であっても、プロジェクトマネジメント能力がない人は成功しません。

SEの方は何度も耳にしていることでしょうが、ここで改めてプロジェクトマネジメントについて解説します。プロジェクトマネジメントはIT独自の手法だと思っている方もいるかもしれませんが、ITに限った話ではありません。プロジェクトマネジメントは米軍の兵器開発のために米国国防省で採用されたのが始まりで、続いて大型工場や高層ビル建築、船舶や旅客機製造のような、現場監督（プロジェクトマネジャー）の目が末端まで行き届かないような巨大な案件を進めるときに導入される管理手法です。

つまり、監督が次の3つの要素を自分で詳細まで見渡して管理できないような条件下において、プロジェクトを無事ゴールまで導くために確立した手法なのです。

①約束した〝予算〟の範囲でつくらなければならない。
②約束した〝期限〟につくり終えなければならない。
③約束した〝品質〟のものをつくらなければならない。

ときどき経営コンサルタントをめざす若い人から、自分のキャリアパス上でプロジェクトマネジメントを軽視している発言を聞くことがありますが、個人的にはとても残念です。

私の経験上、プロジェクトマネジメントがきちんとできない人間が経営戦略を立案できたことはありません。なぜならば、企業とプロジェクトには共通する部分が多いからです。「プロジェクト」に必要な要素を「企業」に当てはめると、次のような目的をもってマネジメントされなければなりません。

①決められた〝予算〟の範囲でビジネスをしなければならない。
②決められた〝期限〟に商品やサービスを開発し終えなければならない。
③決められた〝品質〟のものをつくらなければ予想どおりには売れない。

こうしてみると、プロジェクトと企業の成功に求められているものは同じだと思います。求められるものが同じであるならば、経営戦略が立案できる人とプロジェクトマネジメントができる人は、求められる能力も一緒と言っても過言ではないと思います。

ただし、プロジェクトと企業のマネジメントには決定的な違いが1つあります。経営戦略の失敗は「企業の終焉《しゅうえん》」へつながる一方、1つのプロジェクトの失敗は必ずしも企業を終焉へ導くわけではないということです（もちろん、社運を賭《か》けたプロジェクトの失敗は、企業経営に大きなダメージを与えます）。

企業にはプロジェクト（プロジェクト型組織）が多数存在します。企業を発展させるためにプロジェクトは誕生と終了を繰り返し、企業経営を支えていくのだと私は思っています。

◇コンサルタントの助けがいるプロジェクトは増加している

1章でも解説しましたが、コンサルタントが行なっているプロジェクトマネジメントのコンサルティングサービスは「ＰＭＯ（Project Management Office）」といいます。ＰＭＯはプロジェクトのボスに当たるプロジェクトマネジャーを支える事務局のような組織や機能をいいます。

小さなプロジェクトでは、ＰＭＯが果たす機能もプロジェクトマネジャーが兼務します。しかし、プロジェクトが巨大だったり、厳しい環境下だったりする場合には、マネジャーの管理業務から事務的な機能を切り離して別組織がサポートしないと、プロジェクトを推進させることはむずかしいです。

ＰＭＯのメンバーは、もしトラブルが発生すれば、そのトラブル処理に当たります。ですから、プロジェクト規模にもよりますが、ＰＭＯにはプロジェクト総要員数の5〜10％の人員を配置しておくことが望ましいと思います。トラブル処理に必要な人員はプロジェクト総要員の15％程度であることが多いので、ＰＭＯに10％の人員を充てているとすれば、トラブル発生時に5％のみの追加の人員手配ですみます。

たとえば、総要員４００人のプロジェクトチームにおいては、常時40人のＰＭＯ部署員がいれば理想的であり、緊急時には20人が応援に駆けつけることになります。

PMOが果たす役割

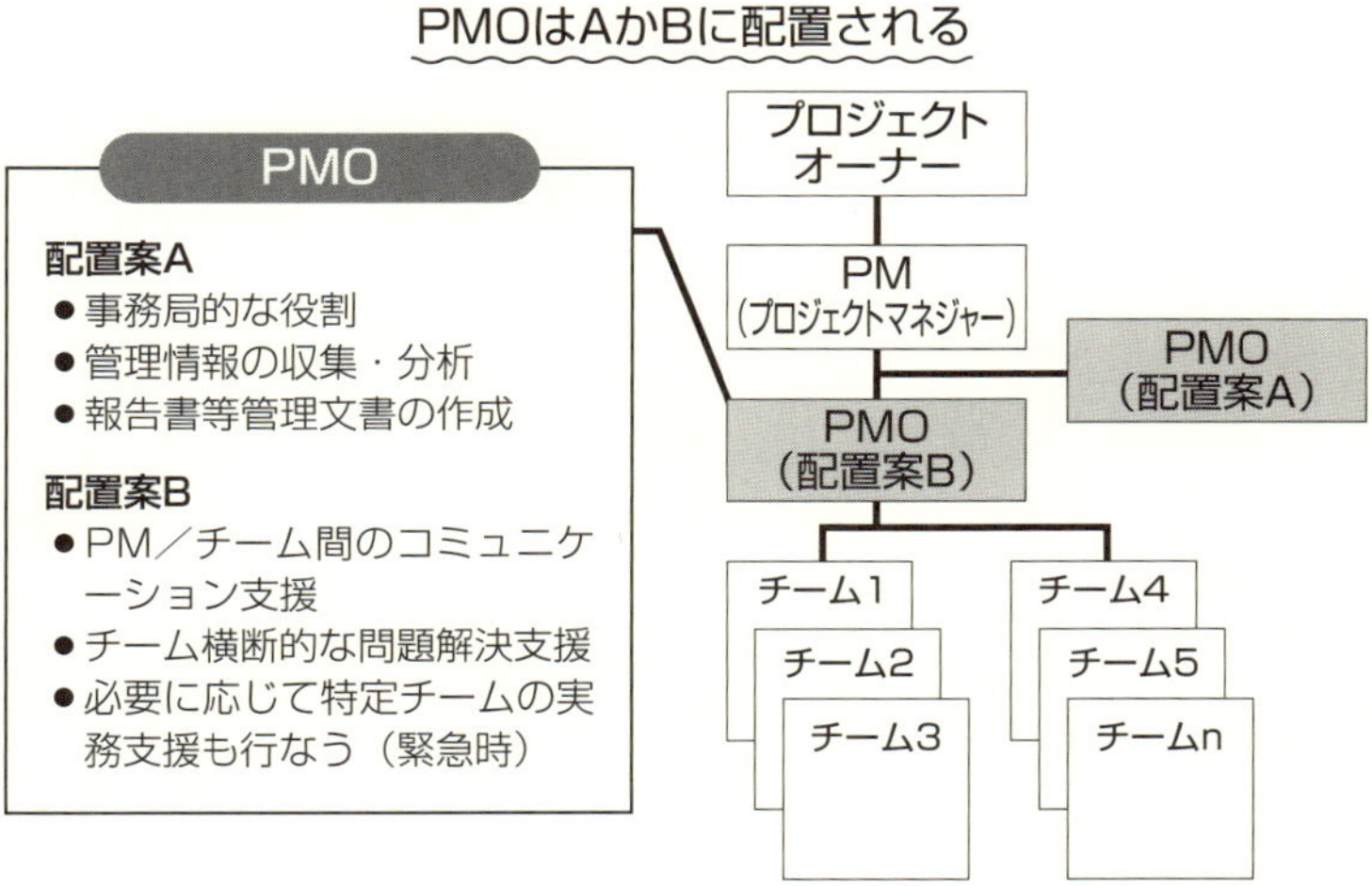

そのため、ＰＭＯ支援をするコンサルタントは、トラブル発生時に慌てることなく補強人員の手配ができるように、平常時にできるだけリスクを緩和しておき、潜在的なリスクに備えておきます。

ＰＭＯサービスは活況であり、本書を執筆している２００７年末では需要過剰・供給不足状態です。ＰＭＯはもともとＩＴ系のコンサルティングファームがおもに提供していましたが、あまりの需要の多さから、いまでは経営戦略専門のコンサルティングファームもＰＭＯ支援に参入しています。

ＰＭＯ支援の需要増加の背景には、「解決できない問題を抱えたプロジェクトの増加」があります。

プロジェクトが抱えるトラブル

①マスタースケジュール・プロジェクト計画が形骸化 作成時点で、現実性についてきちんと内容精査をしなかった特定個人が勝手にスケジューリングしたため、各チームやメンバーが内容を理解していない。
②スキル不足の要員構成 プロジェクトマネジャーが主要メンバーのスキルレベルを精査したうえで採用判定していない。また、スキルレベルを定期的にチェックするレビュープロセスが存在しない。
③リーダーシップの欠如 プロジェクトマネジャー（リーダー）のスキルは高いが、人格が著しく欠如している。また、リーダーシップが分散しすぎているため、誰も全体を統率できない。
④契約体系の不備 クライアントが十分契約書を精査しないままにプロジェクトが始まった。また、プロジェクト全体の管理責任を負うベンダーが契約上存在しない。
⑤経営センスの欠乏 経営陣からの強い要望で、根拠もなくスケジュールを短縮されたり、予算を縮小されたりした。

私がPMOを始めた2002年頃には、「④契約体系の不備」や「⑤経営センスの欠乏」が原因で破綻したプロジェクトの支援の依頼がほとんどでした。④や⑤が原因であれば、たとえ破綻したとしても基礎の部分は固まっていますので、リカバリできる可能性はあります。

しかし、2006年あたりからは「①マスタースケジュール・プロジェクト計画が形骸《がい》化」「②スキル不足の要員構成」「③リーダーシップの欠如」という「基本すら押さえていないプロジェクト」の相談が多くなりました。この場合、そもそもプロジェクトの実現性が低いので、リカバリは非常にむずかしいと考えられます。

◆品質&納期vs.コストでとらえよう

プロジェクトマネジメントを説明するときに、

私は学生時代に飲食店で働いていた経験があります。そのせいか、飲食店の料理提供にたとえたりします。

お客様（クライアント）からパーティーの予約が入った場合、飲食店はまず「どのような料理をつくるのか」という構想や戦略を練ります。「おいしいものを食べたい」とおまかせで注文してくれたお客様に中華を出すのか、それとも和食、イタリアン、フレンチを出すべきなのかを考えなければなりません。

当然、お客様の好みを考えなければなりませんし、自分の一番の得意料理（得意領域）と季節の旬（流行している技法）のどちらを優先させるのか、高級料理にするのか大衆向けにするのか（予算をどう見積もるのか）、パーティー参加人数を考えながら料理の量（期間）はどうするのかなど、基本的な考えを最初にきちんとまとめないと成功しません。

お客様に出す料理（問題解決方法）を決めたら、誰がつくるのか（プロジェクトメンバー）を決めます。優秀なコックを連れてくる、自分がつくる、はたまたクライアント自身につくらせてしまうなど、選択肢はたくさんあります。また、料理品目が多ければ（プロジェクトが大きければ）アシスタントも必要でしょうし、買い出しや洗い物担当を入れての人員も決めなければなりません。

そして、具体的に材料も決めなくてはなりませんし、実際の調達ルートや万が一売り切れていたときの調達先も考えておかなければなりません。また、たとえ真鯛を使うにしても〝焼く〟〝煮る〟という調理方法も決めなくてはなりませんし、料理長を決めておかなければなりません。

料理とスタッフを決めれば終わりではありません。レストランでのサービスの提供方法、テーブルの場所や飾り付け、料理を出す間隔や空き時間のつなげ方など、決めなければならないことを挙げていけばきりがありません。もちろん、最後には「料理価格（コスト）をいくらにすれば採算がとれるのか」を考えなくてはなりません。

このように、料理にもプロジェクトと同じように「納期（料理を出すタイミング）」「予算（料理の価格）」「品質（料理の味）」がキーワードです。料理の提供をコンサルタントとしてとらえると、企業戦略に沿ってターゲットのクライアント層が求める「品質」の料理を、許容できる「予算」で、許容できる「納期」の待ち時間で提供することです。

結局、どのような世界にもプロジェクトマネジメントが大切だといえます。

プロジェクトマネジメントで押さえておくポイントはたくさんありますが、その中でも「品質」「納期」「コスト」は欠かせない要素です。どれも重要な要素なのですが、場合によっては優先順位をつけなければなりません。

最初にプロジェクトがキックオフしたときには、品質と納期は予定通りに達成するものとして、マスタースケジュールやタスク定義などのプロジェクト計画書を策定します。

しかし、プロジェクトが予想通りに進捗しなくなったときには、品質と納期について最終的にどこまでキャッチアップするのかを決める必要が出てきます。

このバランスは非常に悩ましく、「〝品質〟を予定通り達成すると〝納期〟が守れないから延期交渉をしたい」「〝納期〟は厳守したいので、〝品質〟は多少妥協してもらえるようにしたい」という交渉支援のコンサルティング（交渉代行）依頼が最近増えています。

ただし、〝品質〟はクライアントが納得して初めて基準を満たすものとなります。そのため、いくらコンサルタントが一般事例などを引き合いに出して「高品質」と主張しても、交渉は平行線のままです。

そこで、私は「品質&納期vs.コスト」という天秤でバランスをとるようにしています。つまり、「コスト増を受け入れてでも、品質や納期の達成を死守しよう」「コストが膨《ふく》らまないように品質や納期の変更（基本的には下方修正になりますが）を妥結しよう」という考え方です。

しかし、最近では「品質」「コスト」「納期」がまとめて論じられる風潮がありますので、交渉するにも骨が折れます。最初に「コストは〝品質〟と〝納期〟が妥結してからの交渉になるので、まずは〝品質〟vs.〝納期〟をどうするか考えましょう」とアドバイスしていますが、納得してもらうのも一苦労です。

一度「ボタンを掛け違えて」しまったら、品質と納期の両方を（少なくとも当初通りのコストで）リスケジュールして達成するということは「基本的に不可能」です。ですので、どんなときでも「品質&納期vs.コスト」の天秤で考え、常に優先事項を明確にしてください。

PMBOKを進化させたプロジェクトマネジメント応用テクニック

◆コンサルタントが使うプロジェクトマネジメントの5つの機能

コンサルタントはSEと同じようにPMBOKを利用してプロジェクトマネジメントを行ないます。しかし、標準であるPMBOKは漠然としているため、〝活用〟することはむずかしいものです。そこで、コンサルティングファームでは、それぞれのファームごとにPMBOKをカスタマイズして活用しているようです。

PMI（プロジェクトマネジメント協会）が提唱するPMBOKのモデルには9つの機能があります。一般的には9つのPMBOKの機能でプロジェクトマネジメントについて語られるのですが、当社ではさらにPMBOKを12の機能に細分化しています。

プロジェクト管理機能の分類

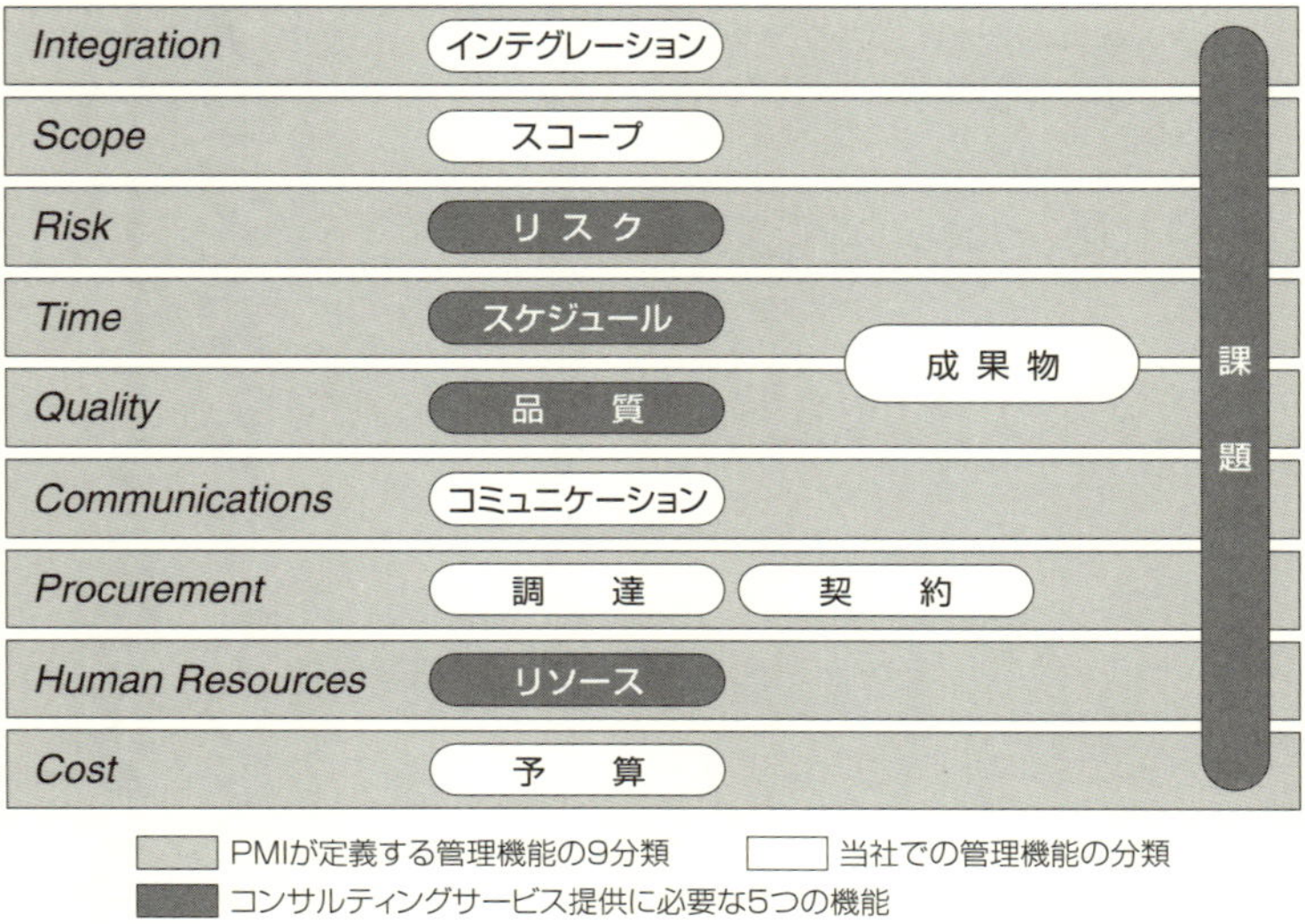

これら11の機能により、当社は純粋なPMBOKを活用するよりも円滑にプロジェクトマネジメントできるようになりました。自社でシステム開発全体を実施する場合には11のすべての機能が必要ですが、コンサルティングサービスをクライアントに提供する場合には、「リスク」「スケジュール」「品質」「リソース」「課題」の5つの機能のみが重要になります。さらに、これら5つの機能をうまく支える補完要素として「コミュニケーション（スキル）」があります（4章で解説）。

◆7つのロールですべてのプロジェクトに対応する

コンサルタントはさまざまな形でプロジ

ェクトに参加します。プロジェクトはプロジェクトマネジャーが仕切りますが、コンサルタントはいつでもプロジェクトマネジャーの補佐役として参加するわけではありません。ときには実作業者として事態を収拾したり、プロジェクトマネジャーの代行となるときもあります。

立場ごとに求められるコンサルタントのロール（役割）も変わりますので、それぞれのスタイルに合わせた振る舞いを演じましょう。当社では、プロジェクトマネジャーに対するコンサルタントの役割を次ページの7つに分けています。

クライアントには、この7つのロールのうちどれをコンサルタントに求めているかを聞くようにしています。すると、クライアントもみずからが何を求めているか明確になりますので、クライアントの評判も上々です。

また、当社のコンサルタントも人によって得意な役割とそうでもない役割があるのも事実です。コンサルタントは自分の得意な役割で仕事を進めていきたいと思うものですが、クライアントが必ずしもその方法を受け入れてくれるとは限りません。しかし、事前に自分の得意なロールをアピールしておけば、クライアントはコンサルタントの意見を受け入れてくれやすくなります。

ただし、このロールはプロジェクトが進むうちに変わることがあります。たとえば、スタート

コンサルタントがプロジェクトに臨むときの7つのロール（役割）

ジャッジ
第3者的に正論を展開し続けマネジメント業務や体制に警鐘を鳴らす。

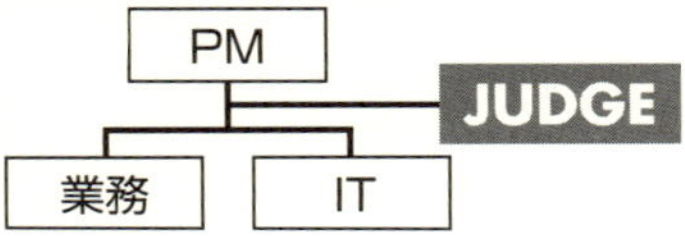

アバター
PMが理想としているハイレベルな役割を代わりに演じきる。

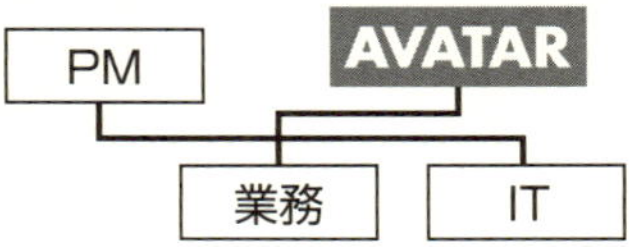

クローン
PMのコピーとしてPMのいない場面でPM同様に振る舞う。

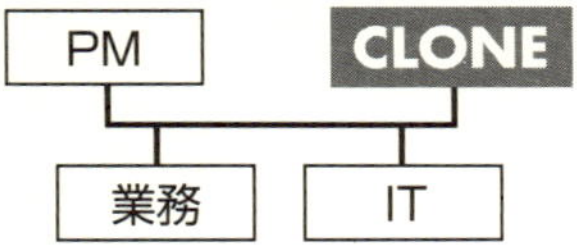

エージェント
PMの代わりに現場に降臨し、意思決定やチームマネジメントを支援する。

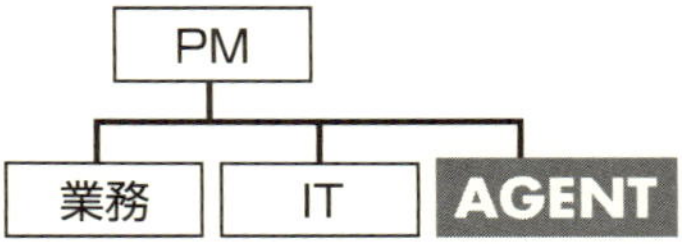

エネミー
反面教師として振る舞い、仮想敵として周囲の不満の捌《は》け口となる。

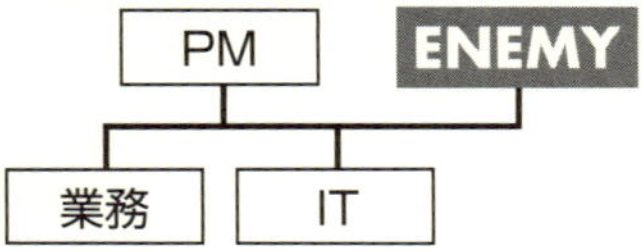

サポーター
常にPMの希望通りに言動する。

セクレタリ
PMの手の届かない部分に配慮し、隙間を埋めていく。

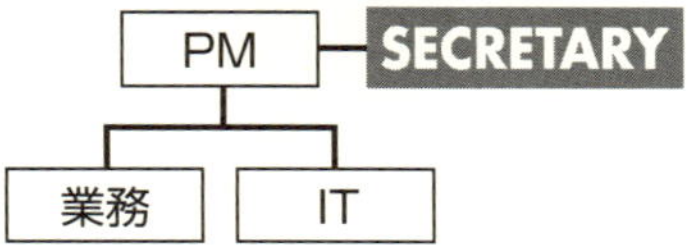

時点では〝サポーター〟であることが求められて投入されたとしても、プロジェクトがうまく進まず、途中で〝セクレタリ〟のロールに変えたら成功を収めたということもあります。

炎上プロジェクトの救出法

◆難関なプロジェクトでも解決法はある

クライアントから高い報酬を得ているコンサルタントはその分難解なプロジェクトに参加することが多く、そのなかでも〝炎上している〟プロジェクトのレスキューはとくにむずかしいプロジェクトです。

この場合、炎上しているプロジェクトにコンサルタントが直接介入して火消しを行ないますが、よほど覚悟してかからないと〝火傷〟してしまい、「心が折れて」しまいます。

「どうして、こんなになるまで放っておいたんだ！」「こんなプロジェクト、誰にも解決できない！」と、毎日多大なストレスと闘っていくことになります。

読者のなかにも炎上プロジェクトを経験しているSEの方もいると思いますが、コンサルタントの場合はSEとは違ったアプローチをとります。コンサルタントの場合には、まず冷静な目で現状を把握することから始めます。

プロジェクトで次のことが発生していないかどうか、よく調査しましょう。

◉タスク定義とマスタースケジュールがいいかげんで、進捗が定量的にわからない。
◉役割定義がいいかげんで、「誰がいま何をしているか」まったく把握できない。
◉要件定義書が足りず、要件管理が属人的。
◉テストシナリオがなく、網羅的テストができない。
◉リーダーは実務に忙殺されて、管理業務に一切従事できない。
◉プロジェクトを俯瞰《ふかん》すべき活動計画者が不在。

私が知る限り、最近の新人コンサルタントは修羅場への耐性が非常に低いと思います。最初は張り切って火事場に飛び込んでいくものの、その火の手の大きさに怖じ気づいてしまい、突然プロジェクトから去っていく人が多いようです。

空いた穴は私や残ったメンバーが埋めていくしかなく、予定よりも大幅に個人の作業量が増えてしまい、プロジェクトは破綻《はたん》に向けて負のスパイラルに陥《おちい》ります。
非常に過酷な環境ですが、修羅場であっても問題解決をするのがコンサルタントの使命です。地道な作業の積み重ねがプロジェクトを解決へと導くので、〝決して折れない気持ち〟を持ち続けてください。

炎上プロジェクトの火消し方法には「①炎上領域の火元をきちんと消してから、炎上領域を順次消化していく（リカバリ可能）」「②まだ被害のない領域まで延焼しないように対策をしてから、炎上領域をきれいさっぱり燃やし尽くす（ほとんどリカバリ不可能）」という2つの手段があります。

プロジェクトを予定通りにリカバリできそうな場合には①を選択しますが、確実に問題を好転できないプロジェクトの場合には②を選択して、プロジェクトの状況悪化を確実に防ぎます。
私は多くの炎上プロジェクトの火消しをしてきました。プロジェクトステータス（進捗&品質）を完璧《ぺき》に復元することは不可能に近いと考えてください。そのため、「いかに進捗と計画を予定に近づけるか」という観点で火消しを進めていきます。

プロジェクトの7つのリスクレベル

レベル1	危惧（プロジェクトに危機感がある）
レベル2	予兆（トラブルの兆候がある）
レベル3	認知（関係者からトラブルプロジェクトと認識されている）
レベル4	苦情（外から正式なクレームが発生している）
レベル5	迷走（立て直す意志はあるが、立て直しの見込みがつかない）
レベル6	腐敗（破綻しかかった状態であり、士気が皆無）
レベル7	破綻（すでに破綻しており、訴訟寸前）

◇7つのレベルから火事の大きさを測る

実際にプロジェクトの火消しをする際、まずは炎上プロジェクトの7つのリスクレベルと照らし合わせて、最適な火消し方法を選択します。

通常ならば、レベル4までならば①も②も選択可能ですが、レベル5を超えると選択肢は②しかありません。

ここで最近担当した事例として、リスクレベルは4だったものの、残念ながら選択肢を②にせざるを得ない状況だったAプロジェクトで実施した火消しを紹介します。

Aプロジェクトは外資系企業の業務システム構築でした。本社の基幹システムの刷新に合わせて、日本支社のシステムも更新することになったのです。一見したところ、特別大きなプロジェクトでもなく、特殊なスキルも必要ないと感じられるプロジェクトでした。

しかし、私がAプロジェクトの炎上原因を分析したところ、「コミュニケーション不足」が原因だとわかりました。2か国語でのコミュニケーション力が必要なプロジェクトは珍しくはありませんので、プロジェクト開始当初はリスクだととらえられていませんでした。しかし、Aプロジェクトは高度な業務知識を必要とされていたので、非常に高い語学能力が必要だったのです。

そのため、さまざまなコミュニケーションから得られる情報の理解に不足や誤解が生じ、業務知識・コンサルスキルをアウトプットするプロセスで障害が発生していました。

また、クライアント（コンサルティングしているシステムインテグレーター）と発注者（プロジェクトオーナー）との信頼関係も十分構築されていませんでした。プロジェクトの立ち上げ時点において、クライアントは発注者とプロジェクトチームとの親睦を深め、双方の理解を丁寧に確認するイベントが必要でしたが、それが一切ありませんでした。

これでは、お互いを全面的に信用してプロジェクトを進めることができる状態になっていません。リスクレベル4なので、クライアントからのクレームも発生していました。しかし、立て直しの見込みはついていたので、リスクレベル5の「迷走」までには至っていませんでした。

この時点でプロジェクトの立て直しは可能と判断できましたが、いい加減なアウトプットを修正しても炎上領域の成果物をリカバリすることはほとんど不可能だと思われました。

そのため、残念ながらAプロジェクトでは「②まだ被害のない領域まで延焼しないように対策をしてから、炎上領域をきれいさっぱり燃やし尽くす」という選択肢しかありませんでした。

この時点ではリカバリマネジメント支援方法について決定・正式合意はまだできていませんので、たとえ解決策がなくとも、課題管理をまとめて、リカバリプロセスとリカバリ後の状態と時期についての予測をクライアントに報告します。

そして、本格的なリカバリプランを組むために、まずは現場のメンバーの救援・救済方針も決めなければなりません。メンタル面で傷ついているメンバーは、いったんプロジェクト外へ退避させて体調と士気を回復させます。そして、本格的なリカバリプランを実施するまで、応急処置をするコンサルタントを投入します。

火消しをする人がメンタル的にタフな人であっても、安心はできません。途中で炎に巻き込まれて大火傷するかもしれません。そうならないために、現場のコンサルタントと十分にコミュニケーションをとってフォローします。火消しのメドがほぼついたら、リカバリプランを本格的に実施するレスキュー部隊が飛び込みます。

Aプロジェクトの場合は、被害領域のほとんどがリカバリ不能でした。そこで、メンバー全員が被害領域から離脱して非炎上領域で業務を続けます。

この段階で退避していたメンバーを現場復帰させ、レスキュー要員に負傷者が出たら入れ替えます。非炎上領域で成果をきちんと出せるようになれば、レスキューの第一段階は終了です。

第一段階が終了したところで、一度クライアントと交渉をします。放棄領域に替わる成果物を協議し、プロジェクトのゴールを設定するのです。もし合意ができたならば、非炎上領域での成果物開発にメドがついたところで、代替の成果物の開発へ着手します。

そして、可能な範囲でアウトプットを出して、体裁が繕《つくろ》える形までリカバリを継続してプロジェクトを終了します。Aプロジェクトでは〝復旧〟することはできませんでしたが、プロジェクトの破綻という最悪の結果を回避することはできたのです。

炎上プロジェクトの火消しは、コンサルタントの真価が問われる仕事だと思います。辛い仕事が嫌でコンサルタントに転身したいと考えているSEの方もいるかもしれませんが、辛い仕事のない職業はありません。

コンサルタントをめざすのであれば、どんなプロジェクトからも逃れることはできません。それなりの覚悟をしておきましょう。

いますぐできるコミュニケーションテクニック

◆コミュニケーション手段の使い分けでも差をつけられる

どんなに困難なプロジェクトであっても、プロジェクトの〝円滑〟な動かし方は存在します。プロジェクトを円滑に動かすといっても、何もむずかしいテクニックだけではありません。簡単にできるコミュニケーションテクニックもあるのです。

まずは「コミュニケーション手段の使い分け方」をマスターしましょう。メールは効率的なメッセージ交換手段として定着していますが、何でもメールで済ませると「気遣いのない人」と思われることもあります。口頭や電話など、ほかのコミュニケーション手段とうまく組合せて、場面や相手によって使い分けましょう。

まず、どのようなときでも「口頭→電話→メール」の順にコンタクトを試みましょう。口頭の手間を惜しんで、メールばかりを多用する人は、相手から信頼されないリスクが高いです。

〝悪い話〟ほど〝会って〟言いましょう。メールでは誤解される危険性が高くなります。また、「指示」や「依頼」もよほどの事情がない限りはメールですませるべきではありません。とくに、ルーティン作業の場合は、遠隔地とのメッセージ交換でない限りは、〝会う〟か〝電話〟で話して指示・依頼するほうが相手の目的達成率が上がります。

ただ、そうはいってもメールを使わないと効率的な仕事はできません。そこで、次のことを心がけてください。メールやFAXを送ったら、「メールやFAXをしておいたので、確認をお願いします」と電話を1本入れるのです。こうすることで、相手の進捗管理ができます。

これらは基本的なテクニックですが、意外と実行している人は少ないです。ぜひ実践してみてください。

◆オリエンテーションを上手に使った最高のキックオフ

新規メンバーと既存メンバーとの入れ替えや、協力会社から新メンバーを受け入れるときのイベントに「オリエンテーション」があります。オリエンテーションは定例的な行事なので、儀礼

オリエンテーションで新メンバーに覚えてもらう項目

基本項目	プロジェクト名称、プロジェクトの目的、プロジェクトにおける当社の役割と想定成果、プロジェクトのマスタープラン（スケジュールと重要マイルストーン）、新規メンバーに求める役割と期待成果、当面のアサインメント期間
暗黙の了解	クライアントと当社の関係（過去の取引履歴や今回の受注経緯）、プロジェクトマネジャー・リーダーは誰か、そのほかのキーパーソンのプロファイリング、プロジェクトで活動するための心得
協力会社として振る舞ってもらう場合の委託元情報	企業名称、代表者名（社長と創業者）、社員数、所在地（親会社があればそこの所在地も含む。親会社が海外であれば州市まで覚える）、代表電話番号（できればFAX番号）、基本ビジネス内容（サービス、ソリューション、取扱製品）、オフィスレイアウト（広さ、風景など）、その他会社案内掲載事項（モットーやビジネスモデル）、最近の取引実績（売上高など。非公表で通してもいいでしょう）

的な扱いを受けていることもありますが、実は非常に重要なイベントなのです。

軽視されがちなオリエンテーションですが、新メンバーに覚えてもらうことは上表のようにたくさんあります。

「協力会社として振る舞ってもらう場合の委託元情報」まではなかなか覚えられないかもしれませんが、企業のブランドイメージを統一してプロジェクトに臨む場合には、ここまで徹底すべきだと思います。

「基本項目」でもプロパーの方が知らない場合もありますが、「コンサルタントは何でも押さえているはずだ」という目に常にさらされているので、覚えておいて損はありません。

また、企業によって〝常識〟は大きく異なるので、「暗黙の了解」も無視することはできません。たとえば、12時から1時間きっかり昼食の時間を設けている企業で、11時55分に外に出たら大ひんしゅくを買ったこともあります。

こちらが些《さ》細《さい》なことと思っていても、クライアントにとっては非常に大きな問題であることもあるので、注意しましょう。

オリエンテーションが軽視されている場合が多いのですが、オリエンテーションの中身1つで新たに配置された人員が活動しやすくなるきっかけになりますので、ぜひ有効活用してください。

守られていない進捗管理の大原則

◇進捗管理者は品質管理者を兼務しない

進捗管理とは、目標に対しての「作業の進み具合を定量的に測る」ことです。プロジェクトの管理業務において、〝数字〟で達成度合を進捗管理することは基本中の基本です。

プロジェクトの進捗に従って、作業の優先順位や組織体制（役割）を変更し、プロジェクトの増強・縮小などの指示し、進捗状況をレポートにまとめてクライアントへ報告します。

プロジェクト型組織では業務を兼務しないのが原則です。これまで多数のプロジェクトにかかわってきて、この大原則がプロジェクトマネジメントで一番大事なことだと思います。ですから、進捗管理者は品質管理をしてはいけません。ところが、実際のプロジェクトにおいては、プロジエクトマネジメントの責任分担とは関係なく、「進捗管理」を遂行する人が「品質管理」にも従事している場面が多々見受けられます。

例外的に「プロジェクトが小規模だから兼務する」ことはあると思いますが、その場合でも進捗管理を担当する人は〝定量的〟に「①現在の進捗状況」「②これまでの進捗推移」「③今後の予定」をタイムリーかつ報告先が期待するくわしさ（分類）で報告する必要があります。これだけでも結構な業務量となりますので、品質管理に割く時間はなくなってしまいます。やはり基本的には進捗管理と品質管理は別の管理機能として分担したほうがいいです。

◇フォーマット作成の工夫のコツ

プロジェクトの進捗管理をする際、〝定番〟といわれているフォーマットは存在しないと思います。各社がこれまでのノウハウをつめ込んだ進捗管理表を利用していると思いますが、私は図のような進捗管理表を利用しています。「○」は未完了、「●」は完了を表わしており、すべての項目が●になれば、そのサブタスクは完了となります。また先の予定であったとしても、キャリアパス上問題なければ、未来の予定も前倒しして進めていきます。

進捗管理表で進捗を定量的に管理することができますが、その際には口頭ではなく、「進捗報告

定量的に管理するための進捗管理表のフォーマット

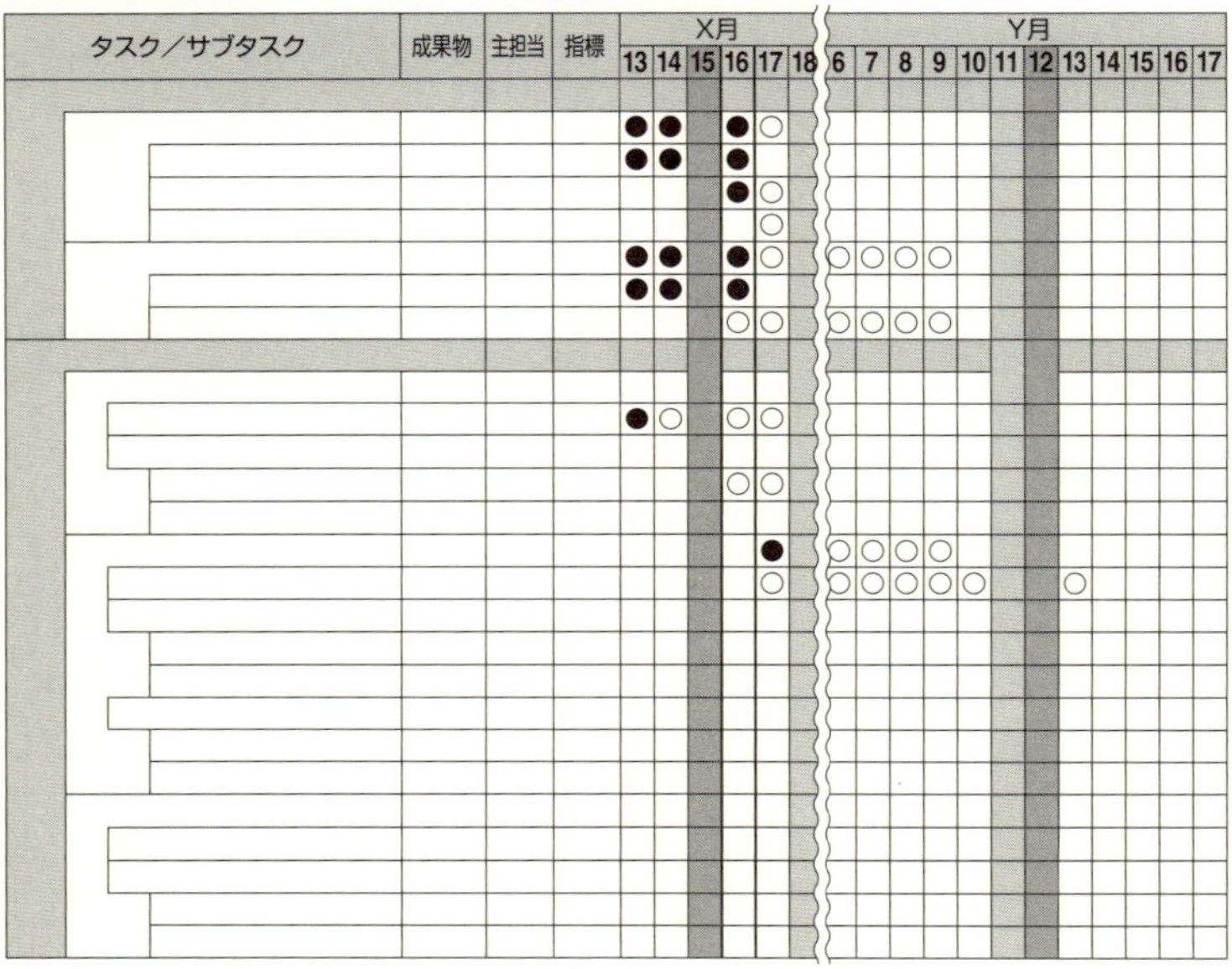

書」でクライアントやプロジェクトマネジャーに報告します。

進捗報告書は体裁が重要ですので、進捗管理者は「進捗報告書の様式」を工夫しましょう。「言いたいことが伝わればいい」ではなく、「言いたいことを戦略的に相手の脳裏に焼きつける」つもりで報告書を作成しましょう。

また進捗報告の際には、進捗管理に専念してください。たとえば、進捗管理者が「進捗は順調ですが、品質に懸念が……」など、自分の担当以外のことに気を取られすぎることはタイムリーな進捗把握の阻害要因になりかねません。

品質管理については、進捗管理者が

進捗報告書のフォーマット

文書名：進捗報告書	ID：進捗報告書.doc	文書作成日：XXXX/XX/XX
作成者：XXXXX	版番：Ver X.X	最終更新日：XXXX/XX/XX

チーム名		作成者	作成日	報告対象期間	
			平成　年　月　日	平成　年　月　日 ～ 平成　年　月　日	
タスク名（ID）	サブタスク名（ID）	今週実績／次週予定	問題および対処 問題点	対処方法	上報（注）*
結合テストB（T3000）	変更管理対応（T3109）	今週時点累計105件、対応予定50件中、49件完了。未完1件はユーザ部門確認待ち。27日完了予定。次週は上記未完1件を含め、41件対応予定。	次週以降に3件の大規模変更要求の発生予告あり	全て対応すると納期遅延の危険性大。できれば1件のみ対応とさせていただきたい。	○
データ移行（T4000）	新旧突合処理（T4401）	突合処理は今週で全て完了。判明した移行不備データ200件、修正の仕方については、ユーザ部門と次週協議予定。	特になし		
業務移行・受入準備（T5000）	業務マニュアル作成（T5301）	マニュアル目次作成。今週時点で目次項目数150。次週より内容作成に入る。詳細スケジュール最終化中、28日策定完了の予定。	マニュアルの書き手が不足	派遣会社に追加手配を依頼	
連絡・周知事項					
次週のマネジメント会議にて、予告された変更要求の優先度協議とユーザ部門の説得について、議案に追加いただきたい。					

（注）リーダーが、マネジメントミーティングでの付議が必要と判断した場合、○をつける。

進捗管理表と進捗報告書に必要な要素

進捗管理表に必要な要素	進捗報告書に必要な要素
●数値による進捗指標は定義されているか？　その進捗指標により進捗が把握されているか？ ●進捗管理方針は定義されているか？　その方針は有名無実化していないか？ ●タイムリーかつ正確に進捗状況が把握され、報告されているか？ ●進捗報告の内容は聞き手（報告先）ら見てわかりやすいものになっているか？　聞き手が質問できるような報告になっているか？ ●マスタースケジュールは策定されているか？　スケジュール管理方針は定義されており、プロジェクトを十分に運営できるものか？　また、その方針は有名無実化していないか？ ●管理方針はわかりやすいか？ ●聞き手側の作業項目もスケジュールに反映されているか？	●進捗は“定量的”に把握する。定性的な進捗状況の把握は遅れの発生した領域のみでいい（遅れは理由の説明も必要なので）。 ●順調な進捗領域よりも、遅れなどの問題がある進捗報告に重点をおき、詳細に報告する。 ●予実（予定と実績）を常に把握して報告する。結果ではなく、予定に対して実績がどうだったかという報告をする。 ●予実の推移を報告する。具体的には、これまでの遅れがキャッチアップできたのか、これからキャッチアップ可能なのか、まだまだ余談を許さないのかということも報告する。 ●“気合”は報告に盛り込まない。根拠もなく「必ず次回までにキャッチアップします」という報告をしない。定性的に根性論を語ると必ず信頼を失うので、どうしても言いたい場合は、口頭に留める。

進捗の定量的情報を報告したあとに、品質管理者が調査・分析して定性的情報を総合評価して報告すればいいのです。進捗状況を把握する過程で、品質管理上の重要な判断材料も一緒に収集することはかまいませんが、「自分が何を最優先するか」は常に肝に銘じておいてください。

品質の〝本質〟を理解する

◇成果とプロジェクトに分けられる品質の2つの側面

一口に品質といっても、クライアントが求める品質は1つではありません。プロジェクト成果物である製品、あるいはサービスが当初の要求事項を満たしているかという「成果物品質」があり、「成果物品質」のうえにプロジェクトが当初の目標を達成し、成果物以外にも波及した「プロジェクト品質」があります。

前者は成果物そのものの品質を指しており、後者は結果に至るマネジメントの品質を指しています。プロジェクト品質は「実際にシステムを使って財務効果が劇的に向上した」「1社だけではなく、グループ全体でシステムが利用されるようになった」という、クライアントが成果物から得る利益の質です。また、「クライアントも含む、プロジェクトに参加したメンバーが成長した」

といった人的リソースでの恩恵もプロジェクト品質に含まれます。

プロジェクト品質はクライアントが判断する部分も大きいので、その評価のされ方をパターン化することは難しいです。そのため、本書では測ることができる成果物品質について解説します。

成果物品質は「品質コスト」というものさしで評価します。品質コストとは、製品やサービスの品質を達成するために費やされる、「すべての作業に対するコスト（時間と費用）の総額」です。品質コストの対象となる作業は、要求事項を実現するためのすべての作業です。つまり、「予防コスト」「評価コスト」「不良コスト（内部・外部失敗コスト）」も含まれます。

コストというと「低い方がいい」と思われるかもしれませんが、そんなことはありません。品質コストが少なすぎると「ちゃんと検証（テスト）してないのでは？」ということになります。最適な品質コストをかけて完成した成果物が高品質といえるのです。

品質コストを最適にする方法が「品質管理」です。品質管理は〝これに則れば高品質を保証できる〟という「品質計画」を遂行することであり、「品質保証」と「品質コントロール」という2つの機能があります。

簡単な例を挙げると、「100程度のエラーがテストで見つかるくらいの品質コストをかけると高品質なシステムがつくれる」と〝品質計画〟したとします。その場合は、レビューなどで「100のエラーを見つけた」と報告できれば、最適な品質コストでシステムが構築されているといえます。この調子でいけば高品質なシステムが完成するはずだと、〝品質保証〟されていることになります。

しかし、「150のエラーが見つかった」「50しかエラーが見つからない」場合には、成果物に「システムがいいかげんにつくられている」、「いいかげんなテストをしている」といった問題がある可能性が高く、「エラーが100見つかる」という最適な〝品質コスト〟を目標にした「品質計画」に沿って、以降の手順を軌道修正して〝品質コントロール〟をしながら完成を目指すのです。

品質保証では、基本的に次のような手続きを確立し、品質計画を遂行していきます。

- ◉要求事項を確実に定義するための手続き
- ◉仕様を実現するための手続き
- ◉不具合をカバーする手続き（レビューなど）

◉設計・開発・テストの検証、妥当性の確認をするための手続き
◉不具合修正や設計の変更を勝手に実施しないための手続き

そして品質コントロールは、「適用する規格を特定→品質方針・目標の設定→品質方針・目標の達成のための施策実施→作業結果の測定→データの収集・分析」という流れに従って、品質コストが目標値に到達するように、品質活動をコントロールするのが基本です。

品質管理には進捗管理よりも高いスキルが求められますので、開発しているシステムのファンクション（業務要件）に精通している人が品質管理をするのに越したことはありません。しかし、実際にはあまりファンクションを理解していなくとも品質管理しなければならないときもあります。

その場合でも、「レビュー」を効果的に実施すれば、ある一定の高い品質を保つことができます。適切な技法を用いてレビューを実施すれば、開発生産性向上や期間短縮、テスト工数や保守コストの削減などに貢献し、プロジェクトはもっとも投資効率の高い活動ができます。

このとき重要なのは、「協力会社やクライアントとの〝品質意識〟の差異」「レビューの形骸化やレビューの省略」をリスクと認識しておき、リスクが顕在化する前に対策を打つことです。

品質管理の考え方

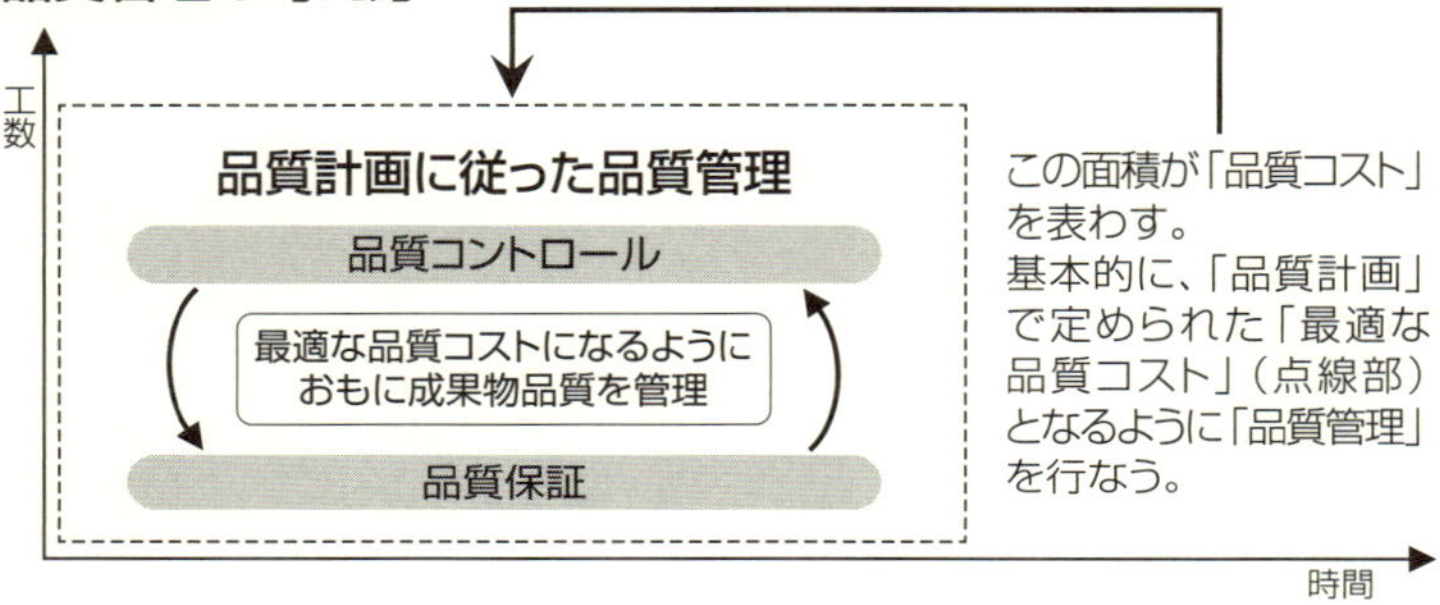
工数
品質計画に従った品質管理
品質コントロール
最適な品質コストになるように
おもに成果物品質を管理
品質保証
この面積が「品質コスト」を表わす。
基本的に、「品質計画」で定められた「最適な品質コスト」（点線部）となるように「品質管理」を行なう。
時間

◇「嘘」データの見分け方

常に正しい品質のデータが把握できていれば、品質コストを管理すれば高品質なシステムを構築することができます。しかし、システム構築の場面において、納期に間に合わせるために「嘘」のデータでシステムが構築されることがあります。

嘘のデータでつくられたシステムはクライアントの要求を満たすことができず、プロジェクトが破綻《はたん》してしまうリスクも高くなります。そのため、コンサルタントは嘘のデータを見破れなければなりません。

ただし、「嘘か誠かを見極める」には〝正しい〟ファンクションの理解が不可欠です。もしファンクションが足りない場合には、周囲にフォローしてもらえる体制を構築しましょう。

進捗情報の「偽り」や「認識誤り」は徹底的に洗い出さなければなりません。そのためには、定量的な進捗情報だけでは把

レビューのチェックリスト

- ☑能力が不十分なメンバーにレビューをさせない。
- ☑レビュー工数も作業計画に盛り込む。
- ☑プロジェクト全体でしか品質基準がない状態でのレビューはほぼ無意味。
- ☑レビュー基準を甘くしない。
- ☑レビューは上流工程でできるだけ丁寧に実施する。
- ☑初期の不具合は後続工程に大きなマイナスインパクトを与えるので、工程ごとに厳密なレビューを計画する。
- ☑品質目標を明示し、全メンバーに周知徹底する。
- ☑当該領域がレビューを軽視している可能性があるので、レビュー比率が低い領域に注意する。レビュー結果のチェックは、担当領域間でクロスして行なうか、PMOなどのマネジメント組織でも確認し、問題発生を防ぐ努力をする。
- ☑実施できる人が異なるので、「内容のレビュー」と「手順に従っているか確認するレビュー」は別々に行なう。
- ☑レビュー記録は少なくともプロジェクトが終わるまでは保存する（問題発生時の原因究明や品質管理活動の証拠・証跡となる）。
- ☑定期的な品質監査も適切な組織、もしくは第三者機関によって実施する。
- ☑工程の節目だけではなく、作業過程でもチェックを実施する（適切なマイルストーンを定義）。
- ☑担当者間のレビューを実施する（クロスレビュー）。
- ☑レビューの結果、見つけられた不具合のうち、内容に対する指摘は全メンバーで共有する。
- ☑不具合が見つかった領域は、発見してしばらくは重点的、かつ徹底的にレビューする。
- ☑不具合発生領域に類似・関連する領域も、次に優先してレビューする（I/Fされる周辺システム、不具合に絡む作業者の別担当領域、同様の技術を用いた領域、同一作業場所など）。

握できない、定性的な情報を現場からより多く引き出す必要があります。
そのうえで、品質達成（確保）状況報告を定量的データで判断するのですが、どんなに細かく情報を収集したからといっても、嘘のデータはなくなるとは限りません。いつでも次の視点でデータを疑いましょう。

◉品質管理方針が策定されているか？　また、その方針は有名無実化していないか？
◉品質管理計画はタイムリーに策定・改良されているか？
◉品質向上に向けて努力しているか？
◉ユーザー部門からの品質チェックが効率的にできているか？
◉品質基準は定義してあるか？
◉ユーザー部門へ要件定義内容は十分説明されているか？
◉設計・開発・テストなど、各工程の方針は内容的に十分か？
◉それらはタイムリーに策定され、実施は効率的に行なわれているか？

システム構築プロジェクトでは「不具合検出密度」という分析手法が嘘を見破る際によく利用されます。定量的にバグの発生数の推移や解消度合を検出し、システム設計・開発の状況を分析します。密度は進捗管理者が集計したデータを利用すればいいのですが、問題は数値化された定量的情報の集計・統計に加え、「どうしてそのような進捗になっているのか」定性的に分析し説明できる〝技術〟が求められることです。

極端な話をすれば、「完成しました」と言われれば進捗管理は「完了」ですし、「進行しています」と言われれば「作業中」です。しかし、実際にはその成果を品質管理者がチェックすると、実は進捗管理者が完了のつもりになっているだけだったり、まだ着手できていなかったりすることが明らかになるのです。

そのため、「進捗管理上の進捗」と「品質の達成度合」が釣り合っているかどうかは、〝定性的情報〟に基づいて品質管理者がチェックするのです。

進捗管理では「大局的に順調か?」という点がクリアに報告できることが（とくに大規模プロジェクトにおいて）重要です。しかし、「品質管理」においては「局所的にどのくらい順調なのか、どの程度の問題があるのか」という、定量的な話とは別に定性的に詳細まで説明できる必要があります。

ただし、定性的に詳細まで説明を問う場合はプロジェクトメンバーの仕事に口を出すことになりえるので、品質管理者は嫌われ役になる可能性も高いです。そのため、プロジェクトメンバーを説き伏せることができるくらいの経験と実力が必要なのです。

◆100%の成果物品質を管理することはできる？

成果物品質は「品質コスト」というもので評価し、品質コストを最適にする方法が「品質管理」だと説明しました。そして、品質管理は〝これに則れば高品質が保証できる〟という「品質計画」を遂行することだとお話しました。ここで、もし成果物品質を評価するものさし自体が誤っていたら、あるいはものさしの当て形が間違っていたらどうなるでしょう。たとえば、間違った勘定科目や業務フローを信じきって会計システムの要件定義をしてしまっては、いくら品質計画を実行しようが、高品質な成果物をつくることはできません。

成果物（品質の）管理とは、ＰＭＢＯＫでいえば「ＴＩＭＥ」と「ＱＵＡＬＩＴＹ」にまたがる機能だと私は思っています。少々抽象的になりますが、「決められた期限に向かって着々と進捗を見極めながら、期待品質通りの成果物を納入する」プロセスの管理のキーポイントは次ページの６点があります。

中堅者といっても、①②③のキーポイントができなければ問題外です。また、一度でも手戻り変更が発生したときには必要となりますので、④⑤もできて当たり前です。

成果物管理での6つのポイント

①成果物一覧と基本様式（テンプレートとサンプル）、および作成手順が成果物作成前に提示されており、クライアントが合意している。
②必ず完成前に1回以上“中間”チェックされ、「その流れで完成させてよい」という確認がされている。
③最終成果物と中間成果物が分類されている。
④電子媒体であろうと紙であろうと、適切なバージョンで管理されている。
⑤各種成果物の相関が定義・管理されている。
⑥本質的な成果物品質（仕様や要件）を、レビューなどにより管理する機能を持つ。

最近では⑥を考慮しないプロジェクトマネジャーの方が多いのですが、品質を満たしていないシステムは、最悪の場合にはすべてをつくり直すことにもなりかねません。しかし、これだけ重要な⑥ですが、プロジェクトの誰もチェックしていないということが、残念ながらたまに見受けられるのも事実です。

⑥のチェックがされていない状況は非常に危険ですので、プロジェクトマネジャーやリーダーでなくとも、業務知識のある若手や外部の人間でもかまいませんので、⑥のチェックをすべきです。メンバーの誰か1人は「成果物管理者」として機能するようにしましょう。コンサルタントであるならば、本章で解説したテクニックを活用して成果物品質を達成できる最善の体制へ変革していきましょう！

リスケジュールと課題管理の極意

◆カスケードしたプロジェクトをリスケジュールするポイント

私はこれまで20年近くプロジェクト支援を続けており、多くのプロジェクトでさまざまな経験してきました。残念ながら、すべてがうまくいったわけではないので、リスケジュールの経験もあります。

リスケジュールはコンサルタントが提言して決断する場合と、クライアントが自身で決断する場合があります。「単純な物理的工数や期間が不足している」のか、「品質が目標通りに達成されない」のか、理由はさまざまです。

リスケジュールによってクライアントの信用を大きく失う可能性が高まりますが、次のようなリスクも無視できません。

①リスケジュールによりプロジェクトに余裕ができれば、コンサルタントのような外部人員の必要性が薄れ、契約期間中でも途中終了（解約）の可能性がある。
②解約されないにしても、大幅にプロジェクトの目的が変更される。
③リスケジュール後に体制補強の必要性が増し、さらに増員の配置が求められる。

ですので、リスケジュールが発生した場合にはコンサルタントのメンタルにも大きな影響を与えます。「ここまで頑張ってきたのにリスケジュールになってしまった……」「最後まで一緒に頑張るつもりでここまでやってきたのに、途中で降板させられるなんて……」と、コンサルタントのモチベーションは大きく下がってしまうのです。

したがって、クライアントではなく、コンサルタント側の判断でリスケジュールを提案する場合は苦渋の選択となります。それでも必要ならば、躊躇《ちゅうちょ》せずできるだけ早い決断で、必要な計画をできるだけ準備してクライアントに提言します（最終的なリスケジュールの決定権はクライアントにあります）。

リスケジュールに至る直前にはよく複数多数のプロジェクトのフェーズやタスクがカスケード（数珠つなぎ）した並行作業状態になります。この状態を前職では「サシミ」と呼んでいました。

リスケジュールするかどうか判断するためのチェックポイント

☑①最初からカスケードしているフェーズ、タスクがあるか（これが多いとかなり厄介な状況）？
☑②途中からカスケードしているフェーズ、タスクの場合、どうキャッチアップする予定になっているか？
☑③カスケードした部分は各フェーズがどう連携するか、また、その状態においてもリスク軽減できる運営のためのクリティカルパスが分析されているか？
☑④そもそも、カスケードに対応できる体制になっているのか？
☑⑤努力次第でカスケードの割合が改善する可能性（余地）があるか？
☑⑥うまくいかない場合のコンティンジェンシープランやＢＣＰ（障害時の業務継続手順）はあるか？
☑⑦さらなる〝修羅場〟に備え、プロジェクトメンバーにモチベーション向上策を施しているか？
☑⑧関係各社の責任はどうあれ、ステークホルダー、プロジェクトオーナーは事実を正確に理解しており、全面的に協力するつもりがあるか？
☑⑨品質面の妥協を前提に進めるつもりか？
☑⑩①～⑨以外にもリスクがないか？

「サシミ」の語源については「お皿の上で刺身が斜めに並んでいるかのようにカスケードしている」「身を刺すように〝痛い〟プロジェクト状態」という2つがありますが、どちらにしても厳しい状態であることには変わりません。

サシミプロジェクトでもっとも大きなリスクが「設計、製造、テストの各工程が並行に実施されるため、工程遅延時のダメージが大きいこと」です。前工程が遅れると自動的にすべての後工程が遅れますので、結合対象の単体1つが遅れても結合テスト以降のすべての工程が遅れてしまいます。

本来ならばプロジェクトがカスケードする前に何とかすることが重要ですが、コンサルティング依頼がくるプロジェクトはカスケードしているものも多いので、そうも言っていられません。

カスケードしたプロジェクトのレスキュー依頼が来た場合、まずは前ページの点がプロジェクトに見受けられるかチェックします。

現状を正しく知り、冷静に将来を予測して、見通しが立たないと判断したらリスケジュールします。

◇〝計画通り〟を実現する課題管理テクニック

プロジェクトマネジメントにおいて、課題管理は重要な要素です。「課題管理ができない人は上手にプロジェクトマネジメントができない」といっても過言ではありません。

プロジェクトをマネジメントする際、プロジェクト計画の不備、そのなかでもとくにリソース不備を最重要課題として管理していく必要があります。しかし、プロジェクト計画の不備に着目して上手に課題管理できる人はあまりいません。

さまざまな課題がプロジェクトから日々発生しますが、課題を適切な期限で検討・解決して処理していくためには「リソース」が非常に重要になります。そのため、リソースの不足・配置不備などの課題を優先して片付けていないと、種々の課題は検討されずに放置されかねません。

もし、スキルが要求に達していないメンバーがプロジェクトに投入されてしまえば、戦力にならないため、結果的にリソース不足となってしまいます。そのため、成果物の品質を下げ、さらに深刻な人手不足でその穴を埋められないという、マイナスのスパイラルが形成されます。

また、課題はプロジェクトメンバーだけから発生するのではなく、プロジェクトの「計画書」「構想説明書」「チャーター（憲章）」が整備されていないことから、プロジェクトをマネジメントしている立場の方々の間で感情的な言い争いから起こることもあります。このように、プロジェクトには常にさまざまな課題が存在します。さまざまな課題を管理するための基本的な課題管理のポイントを整理すると、次のようになります。

①作業の節目においては、関係者で必ず課題の洗い出しを行なう。
②洗い出した課題の「解決策の草案」「責任者」「解決期限」を速やかに割り当てる。
③洗い出した課題事項を「課題」と「実行すること」に分類し、ともに課題表で管理する。
④期限超過した課題は直ちに業務責任者と期限を再設定し、解決策の素案作成を指示する。

⑤課題の検討・解決も〝定量的〟進捗管理の対象とする。

課題管理をすることによって、プロジェクトの進捗や見積もり、予算上のリスクを把握しやすくなります。また、課題管理の対象によっては品質管理にも貢献します。

課題管理を日々推進していくためには、可能な限り課題解決を支援する体制の構築が重要になります。また、プロジェクト全体で共有すべき問題を一元管理し、課題発生～解決までの手続きを決めてプロジェクトチームに周知徹底させます。

課題管理を周知徹底することで、特定の人だけが知る「課題」の存在をなくし、協力会社やクライアントを含めたメンバー全体で課題に対する共通認識を持つことができます。その結果、いつまでも解消されない課題やリスク分析なしの適当な対策による現場の混乱を防ぐことができます。

課題管理の定番の方法は存在しません。各社で経験に基づきいろいろとフォーマットをつくっていると思いますが、私は１３５ページの課題管理表を使って管理に当たっています。

課題管理のポイント

- ●「積み残し課題」を後工程まで引きずらないように意識づける。
- ●発生した課題をくだらないものと思わず、事務的に「課題」と「実行すること」へ振り分けながら、すべてを片付けていく。
- ●問題点と解決方法を多くの関係者で共有し、問題点は1人で抱え込ませず、ベストの解決策をとれるしくみをつくる。
- ●実際に直面している問題だけではなく、起こりうるリスクの分析も並行して行なって共有して対策を練る。プロジェクト（進捗）報告会議などで定例化するのが望ましい。
- ●リスク評価を行ない、その際の評価基準や手法も文書化する。
- ●定量的なリスク評価を可能な限り行ない、発生確率と影響度によっては対応策の変更も検討する。
- ●エスカレーションルールの規定（個人レベル、チームレベル、プロジェクト全体レベルのように、ルールは各階層で管理されるべきだが、課題が発生した階層では問題が解決できない場合もあり、解決に時間がかかっている時などは、上位の階層にエスカレーションして問題の解決を依頼する）。
- ●判断の誤りを防止する措置を日々強化する（影響範囲、課題発生から共有までのスピード化、解決策の協議ルールなど）。

課題管理表のフォーマット

課題管理シート

No.	タスクID	課題のタイトル	課題詳細	提議者	提議日	優先度	期限		完了日	関連部署					ステータス					回答内容	次回対応期日	関連項目	添付資料
							(当初)	(最新)		A	B	C	D	他	A	B	C	D	他				
C001	T001	契約締結	4月から来年3月までの契約締結	X	3.31	高	4.5		4.3	○	○				完	完				締結完了	8.31	C005	なし
C004	T004	レビュー方針の定義	設計成果物等のアウトプットに対する効果的なレビューの方針や役割、スケジュール等を定義する	X	4.1	小	5.9				○	○				中	中			各チーム初期作成中			DOC001
C005	T005	品質属性定義	保守・運用の確実な引き継ぎを証明するための作業品質属性（引継ぎ完了基準）を定義し、承認を得る	Y	4.15	中	5.2	7.31		○	○				中	中				草案はAで作成			DOC002
C006	T006	全体スケジュールの確定	詳細化は要しないが、基準となるマスタースケジュールを策定し、関係者のコンセンサスをとる	Z	4.1	高	5.2	7.31		○	○		○	○	完	中		留	未	Dの体制変更により作業保留中			なし

〈凡例〉 未：未着手、中：作業中、完：完了、留：対応留保、TBD：後日定義、＊：期限超過

第4章

案件を勝ち取る
提案力と営業力

ロジカルに身につけるプレゼンテーションスキル

◆エグゼクティブとやり合えるコミュニケーションスキル

コンサルタントは「経営戦略のサポート」や「システム開発提案」といったシステム開発の上流工程にかかわりますので、クライアントの意思決定者とやりとりをするための〝提案力（プレゼンテーションスキル）〟と〝営業力〟が求められます。

提案内容も「ＰＭＯ支援から経営戦略サポート」や「企業の上場サポート」など、ほんとうにさまざまなものがあります。コンサルティングファームがかかわる案件の受注金額は高く、要求仕様書の作成だけでも1億円という案件もあります。

企業の衰勢を左右する経営戦略の案件ですので、クライアントのエグゼクティブクラスと交渉になります。コンサルティング料は基本的に高額なので、「投資額以上のメリットがある」とクライアントに納得してもらわなければなりません。

SEの方のなかには営業経験がない方もいると思いますが、心配はいりません。当社のコンサルタントにも営業未経験者はいますが、1つひとつ経験を積むことで案件を受注できるようになっています。

人によって営業の向き・不向きはありますが、次の3つの基本的なコミュニケーションスキルは押さえておきましょう。

①オーラル　円滑な報告、連絡、相談など通常の口頭での交渉力
②リスニング　正確に漏れなく聞き取る力
③ライティング　力強い印象を与える資料をすばやく作成する力

◇〝大きく〟ではなく〝はっきり〟伝えるオーラル（話術）スキル

クライアントに会って提案をするとき、電話で説明をするとき、伝達手段である声の役割は非常に重要です。私の声は「鼻声」で「小さい」ので遠くに声が届きにくく、「聞こえません」とよ

く言われてました。
声の質は先天的な部分が大きいのですが、工夫することで相手にいい印象を与えることは可能であり、そのために身につけるのが〝オーラルスキル〟です。

オーラルでもっとも大事なポイントは「意識的して話のメリハリをつける」ことです。コンサルタントは一度に多くのことを説明しなくてはならないので、さまざまなことを一度につめこむ傾向があります。しかし、クライアントへ話す量が増えればその分、コンサルタントが伝えたい重要なポイントはわかりにくくなります。そのため、会話の重要な箇所ではアクセントをつけて、クライアントに「ここは重要」ということをアピールしましょう。重要な説明に入る前に間を置いたり、声を大きくしたり、大きな身振りをつけて話したりします。また「これから今日お話する中で一番大切なことを言います」と宣言してもいいでしょう。

メリハリをつけるためにも、会話はできるだけ短く区切りましょう。会話はできるだけ短く区切ったほうが相手に伝わりやすくなります。たとえば、「Aプランを提案させていただきます（結論）。↓なぜならば、もっとも低コストかつ高品質のシステム構築が可能だからです（理由）。↓ただし、伺っているスケジュールは現実的ではありませんので、リソースを増やすことはできますか（補足）？」といったように、短文を連ねることが有効です。

先ほど間を置くことを話しましたが、間ができると相手は勝手に会話を頭の中でまとめ始めてくれるのです。そして、「この1文は重要だ」「この次に重要なことを言うかもしれない」と集中力を高めてくれます。

また、人間は基本的に沈黙に耐えきれないので、顧客がいろいろな問題点や問題解決のヒントを話してくれる場合もあります。

大きな声で話すことよりも、〝はっきり〟話すことが重要です。たとえ声は小さくとも、〝はっきり〟話せば相手はこちらの話しに耳を傾けるようになり、結果として自分の意思を伝えやすくなります。

そして、意識して少しゆっくり話しましょう。打合せは徐々にスピードアップしていくものです。ですから、冒頭でゆっくりと話し始めるとともに、所々で何度か「ゆっくり話す」ことを意識して実践しましょう。ゆっくり話すことは「自信の表われ」と好意的に受け取ってもらえる確率が高くなります。

会って話をするときに、視線をどこにもっていくか意外と悩むものです。私は相手が男性の場合は〝ネクタイの結び目〟、女性の場合には〝額〟をみて話すようにしています。

ときどき相手の目を直視してメリハリをつけます。視線を合わせたり、反らしたりしながら相手の反応をうかがいましょう。もし相手の反応が悪ければ、話のリズムや構成を変えてペースをつかみましょう。

会話の中では、たとえ不利な質問であっても、相手の質問を無視してはなりません。相手に質問されたら、話の途中でも即座に中断して応答しましょう。もし後述する内容に関連する場合は、「次にお話しますので、お待ちください」と伝えます。相手が質問するのは、その時点で話の要点がわからない場合や話の内容に興味を持っている場合です。その時点でフォローしないと、そのあとで話すことがクライアントに正確に伝わらなくなってしまいます。質問があったらチャンスだと思ってしっかり答えましょう。

また、否定的な意見を言われても嫌な顔せずにむしろ感謝しましょう。たしかに、否定的な意見を言われると不快な気分になりますが、真正面から反論しても意味はありません。否定的な意見はすんなりと受け入れて、「あとでちゃんと検討いたします」と流してしまいましょう。否定的な意見を一度こちらからが受け入れると、「自分の考えをしっかりと検討してくれるコンサルタントだ」とクライアントは思ってくれます。そのため、否定的な意見をきちんと吟味して誠意に対応していくことはアドバンテージになります。

◇問題解決に一番大切なリスニングスキル

コンサルタントの仕事はクライアントの問題を解決することです。問題を解決するためには、まず問題の所在・核心を洗い出す必要があります。そのためには、さまざまな人から話を聞くことが求められます。ですから、〝リスニング〟はもっとも重要なコンサルタントのコミュニケーションスキルです。

リスニングスキルを上げるためには、いくつかのポイントがあります。すぐにできて効果がとても高いものをいくつか紹介しましょう。

最初のポイントとして、「メモをとる」ことが挙げられます。聞いた話をすべて覚えていられるわけではありません。ミーティングでメモをとる姿勢のない人は失格だと思います。

「何をいまさらそんなに基本的なことを言うのだろうか?」と思ったかもしれません。そう、まさしく基本中の基本です。なのに、メモをとらない人がいかに多いことか。コンサルタントだからといって特別なことばかりしているわけではありません。当たり前のことは当たり前にする、どんな仕事でもここからスタートしましょう。

メモをしっかり取ることが第一に大切なことですが、できれば相手の目を見ながらメモをとれるようになるとクライアントに好印象を与えることができます。

また、話を聞いて、ここがポイントだと思ったら相手の決まった言葉、フレーズをリピートしましょう。相手の伝えたいことをオウム返しすることは、相手と自分の考えの不一致を防ぐ有効な手段です。また、心理学的にも相手の心証が良くなるようです。

このときは、相手の言ったことをあくまでも〝そのまま〟リピートします。なぜならば、異なる言葉や言い回しで復唱すると「自分の意見が冗長と思われてまとめられた」と勘違いされる可能性もあるからです。

リスニングでは相づちを打つことも大切です。

相手の説明を聞きながら、文章の合間に挟んで返す相づちには「①うん」「②はい」「③なるほど」の3種類があると思います。それぞれの相づちの言葉によって違いはあるのでしょうか。私は付き合いのあるクライアントのシニアレベルの方の20名前後に、相づちについて聞いたことがあります。それをまとめると次のようになります。

「①うん」は「見下されている感じがして、相づちの間隔が短いとさらに不愉快に感じ、『話をほんとうにわかっているのか？』と不安に思うこともある」。

「②はい」は「基本的に丁寧と受け取るが、『はい』よりも『ええ』の方が丁寧に感じる」。

「③なるほど」は「言い方次第だが、心がこもっていれば嬉しい」とのことでした。たかが相づちといっても、さまざまなとらえられ方をされることがわかります。基本的には「はい」または「ええ」という相づちが一番無難なようです。

メモをとり、要点を途中で復唱・確認したら、最後に必ず「聞き取ったことの要点」「自分の宿題」「相手の持ち帰り事項」「期日」を確認しましょう。

とくに、相手のノートをときどきのぞき込んでチェックするようなクライアントの場合、確認することで安心感を与えることができます。そして、2章でお話したようにさっさとドラフトを書いてしまいましょう。

◇外資系ファーム流ライティングスキル

報告会や提案会では、「提案を通すためのプレゼンテーション」をしなくてはなりません。当社は若手も多く採用していますが、プレゼンテーション力についてはあまり備えていない方が多いようです。

私はクライアントの依頼でシステムインテグレーターの提案資料を精査する機会が多いのですが、最近では資料のレベルが全体的に落ちてきていると思います。いくら期限に間に合わせるためだといっても、これでは悪印象を与えるだけです。

たとえば、「極端に資料が薄い、もしくは厚くて記憶に残らない」「図形と配色は手抜きされており、メッセージも適当」「メッセージがなさ過ぎる」「読み物になり過ぎ。細かくて、まるで報告書」という、とても提案書に思えないようなものが多いです。

提案書をつくる段階で、できる限り読み手を惹《ひ》きつける項目になるように工夫をしておきましょう。

プレゼンテーション資料は人によってつくり方が違うと思います。ＷｏｒｄやＰＤＦファイルでプレゼンテーションする方も多いと思いますが、本書ではマイクロソフト社のPowerPointを前提にします。

印刷するのであれば資料を作成するアプリケーションは何でもいいのですが、プロジェクターでプレゼンテーションをすることが多いので、１画面ずつ移行していくPowerPointのほうが使いやすいです。また、デファクトスタンダードのアプリケーションは使えたほうが何かと便利ですし、一度つくったプレゼンテーション資料の再利用もしやすいです。

●プロジェクター使用を意識してつくる

まず、形から入りましょう。

資料は必ず「左→右」「上→下」の流れにします。これはプレゼンテーション資料の約束ごとですのでお忘れなく。

プレゼンテーション資料は、常にプロジェクターで見せることを意識してつくりましょう。プロジェクターで読みやすいのは24ポイント以上の文字です。18ポイントでも読めないことはありませんが、読み手がよほど興味のある内容でないと読んでもらえません。

ところが、印刷物となると、14ポイント以上の文字は不自然に大きく感じます。

だからといって、印刷用の資料を別につくるのは面倒です。

そこで、プロジェクター用につくった資料を印刷するときは、印刷設定画面の印刷対象設定を「配布資料（2ページを1枚で印刷する設定）」にして、「1ページあたりのスライド数」を〝2〟と指定します。すると、程よい文字の大きさで印刷できます。

書体についても、「ゴシック」か「明朝」かで印象が変わりますので、あらかじめクライアントに好みを聞いておくといいでしょう。一般的には、本文は明朝にして、見出しや強調したい部分をゴシックにするといいとされています。ただ一概にそうともいえず、私の経験では、本文もゴシックにすることを好む方もかなりいます。

文字のアクセントの付け方としては、太字・斜体・下線・影付きなどがあります。文字に色をつけることもありますが、黒を含めて3色くらいまでにしたほうが見やすいものです。

●まずは簡潔な文章だけでまとめる

さて、資料の中身の書き方についてお話しましょう。

次の提案書の目次例を見てください。

案件によってプレゼンテーションの中身は変わってきますが、一般的にはこの例のような流れになります。それぞれのパート（提案書の目次例でいえば1～7のパート）で案件ごとの内容を盛り込んでいけばいいだけです。

まず、各項目で提案書に盛り込むべき内容をピックアップします。

そして、各パートを何枚のスライドにするか、プレゼンテーション全体で何枚のスライドにするかを考えて決めます。案件の規模や内容にもよりますが、全体で10枚くらいで説明できるよう

箇条書き例

プロジェクト失敗のトリガーはせいぜい5種類！

プロジェクトが失敗する原因となるトリガーを過去事例から整理すると、実は大きく5種類くらいしかない!!

マスタースケジュール／プロジェクト計画が形骸化
- 初期作成時点でマネジメントが現実性をきちんと内容精査をしなかった
- 特定個人が勝手に作ったため、各チームやメンバーが内容をコミットしていない

スキル不足の要員構成
- プロジェクトマネジャーが主要メンバーのITスキルレベルを精査した上で採用判定していない

リーダーシップの欠如
- プロジェクトマネジャー(リーダー)の人格が著しく欠如している

契約体系の不備
- クライアントが十分契約書を精査しないままプロジェクトが始まった
- 全体プロジェクト管理責任を負うベンダーが契約上どこにも存在しない

経営センスの欠乏
- 経営からの強い要望で、根拠もなくスケジュールを短縮したり予算を縮小した

- なので、プロジェクト救援に行く場合に最初に実施する「ヘルスチェック」は、この5つの観点から問題の有無と、その程度を情報収集・分析することが肝要である。

にするといいと思います。あまり少なすぎるとプレゼンテーションの中身が薄く感じられますし、逆に多すぎるとポイントがぼけてしまいます。

わかりやすくて評判のいいスライドは、「タイトルとメッセージライン（サマリー）」がビシッと決まっています。全体の構成・流れを考えて、それぞれのスライドに盛り込む内容を書き出せたら、タイトルとメッセージラインを決めましょう。

プレゼンテーション内容は、簡潔に箇条書きにします。箇条

書きで表現するというのはプレゼンテーション資料のルールだと思ってください。

また、表現の仕方として、「○○だから××です」と書くのではなく、「答えは××です。なぜなら○○」というように結論を先に出しましょう。というのも、クライアントはいつでも結論を早く知りたがっているからです。

このように、まずは箇条書きの文章だけでプレゼンテーション資料をつくっていきます。1枚のスライドは、2~4のブロックに分けると見やすくなります。そして、矢印を使って各ブロックの読む順番を明示すればなお読みやすくなります。

内容ごとにスライドのページをかえましょう。そして、「ここではこのことをお伝えしたいのです」というキーメッセージがクライアントに印象深く残るように配置や書体を工夫して明示します。

●図表の効果的な使い方

図や表は、プレゼンテーション資料の説得力を増す大きな材料です。数値化されたデータを積極的に示しましょう。数字を出すことで、読み手の反応が明らかに変わります。

図表のあしらいにあまり凝る必要はありません。図形であれば、丸・三角・四角・角丸の四角・円・楕円・矢印・吹き出しくらいを使うといいでしょう。それも、1つの図にあまり多くの種類

効果的なグラフの置き方の例

●PMOに配置する要員を単純にケチらないこと

- 過去の大規模プロジェクト経験に基づく統計値）から、望ましいPMOリソース配分比率は、下記の通り、5〜10%の間が多い（各プロジェクト製造工程が集中する最大時の比率として）。
- また、各プロジェクトの「成否」欄にあるように、望ましいPMOリソースの半分程度に配置を省略したプロジェクトのほとんどはトラブルを抱え、結果として予算超過や納期延長を余儀なくされていることがわかる。

PMO人員の割合とエラー率の関係

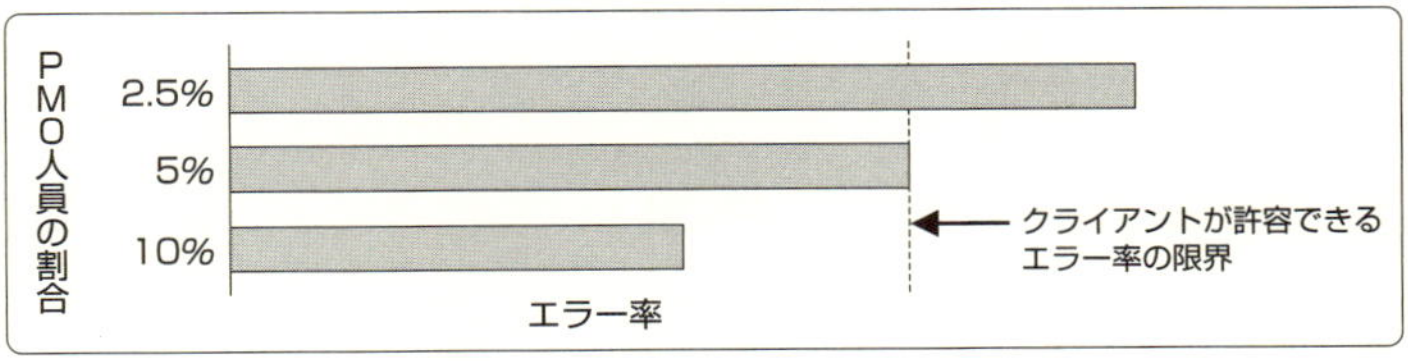

上記のグラフから、PMO要員はピークでなくとも5%は配置しておくべき。

を使うと雑多な印象を与えますので、使いすぎには注意しましょう。

図や表に、ワンポイントとしてイラストをつけるとアクセントがついて効果的です。

応用テクニックとして、矢印の代わりに三角を使って方向性を示すとスライドの印象がソフトになります。

また、概念の説明図には円や三角の利用が効果的ですが、具体的なメッセージを伝えたい場合は四角を組み合わせていく方がすっきりとした感じになります。

ツリー形式で内容を構造化して見せると、非常に効果が高いです。これだけで、より戦略的な提案のような感じがして、

違和感のない基本図形

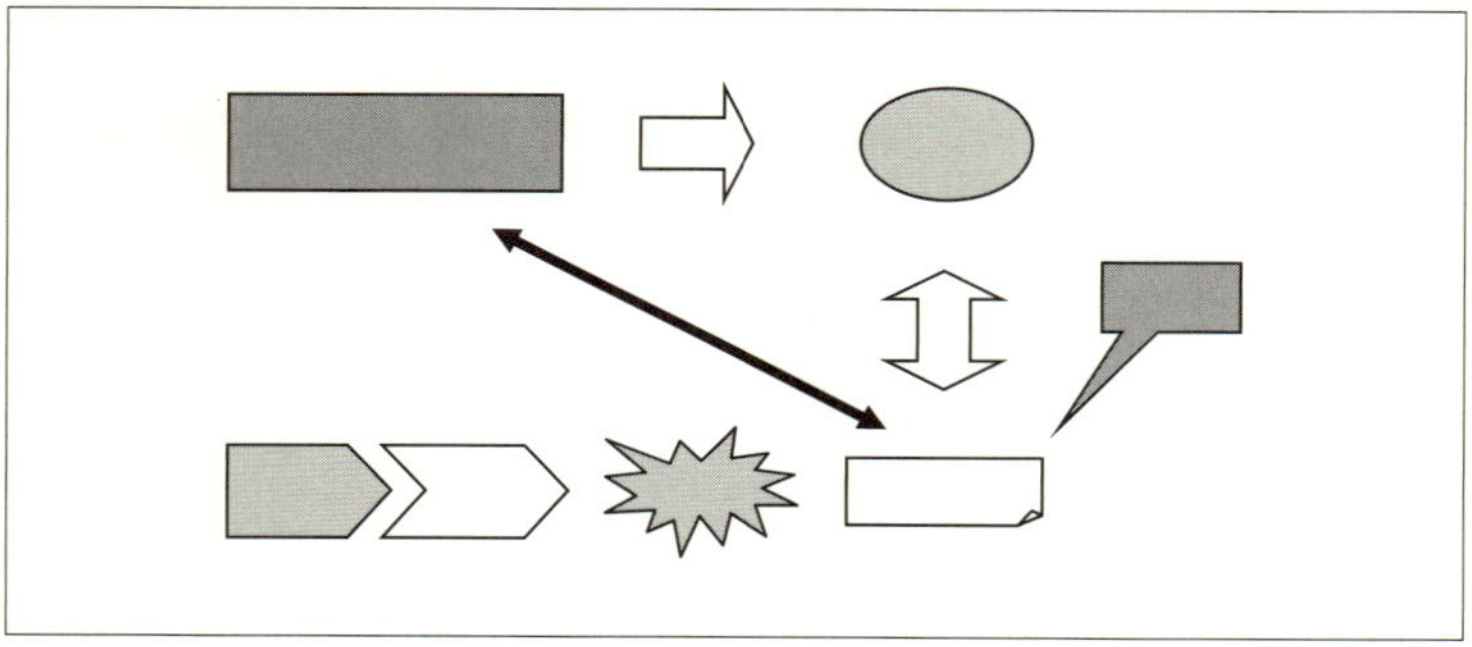

「戦略的」なツリー形式での解説例

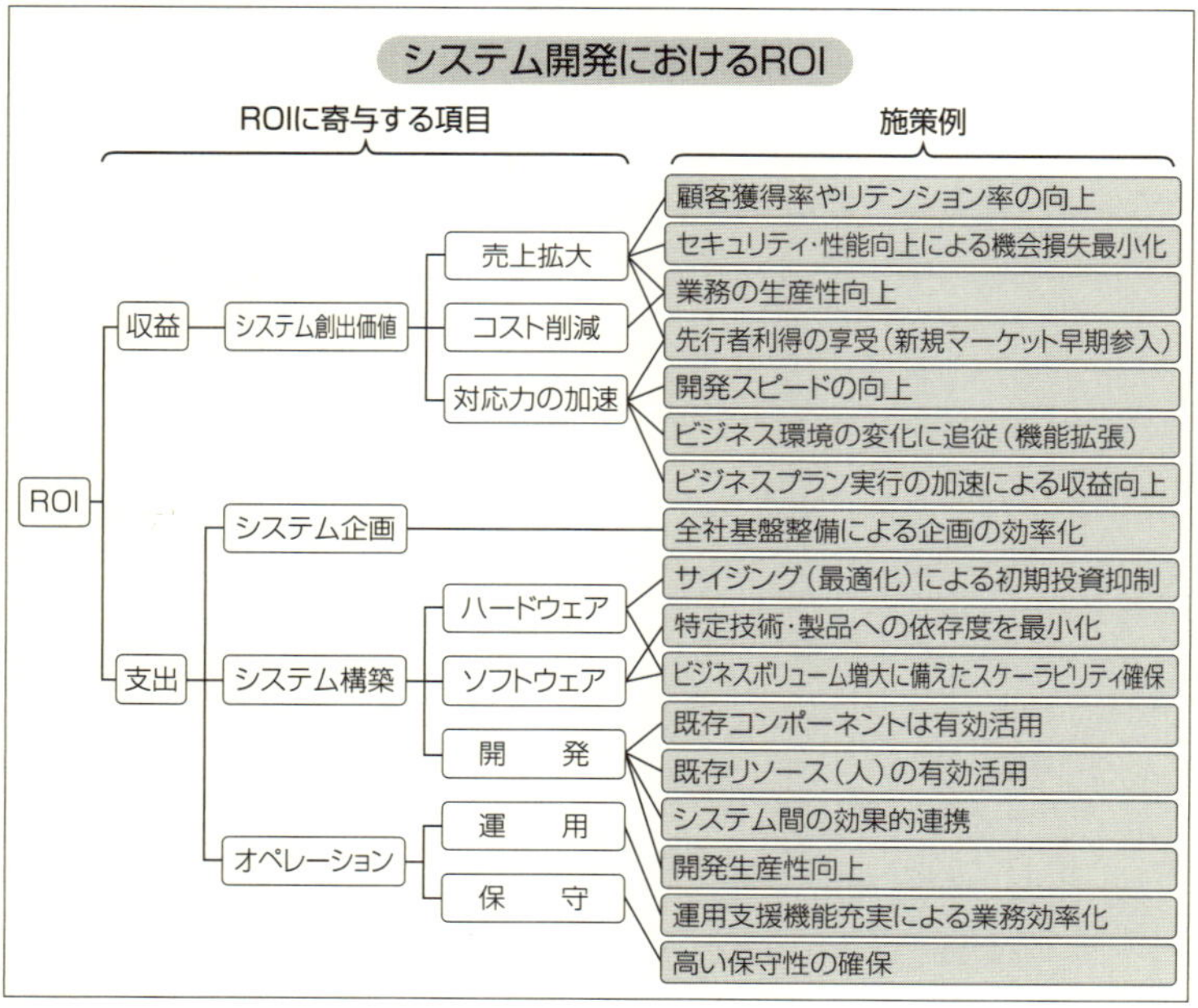
システム開発におけるROI
ROIに寄与する項目
施策例
ROI
収益
支出
システム創出価値
システム企画
システム構築
オペレーション
売上拡大
コスト削減
対応力の加速
ハードウェア
ソフトウェア
開　発
運　用
保　守
顧客獲得率やリテンション率の向上
セキュリティ・性能向上による機会損失最小化
業務の生産性向上
先行者利得の享受（新規マーケット早期参入）
開発スピードの向上
ビジネス環境の変化に追従（機能拡張）
ビジネスプラン実行の加速による収益向上
全社基盤整備による企画の効率化
サイジング（最適化）による初期投資抑制
特定技術・製品への依存度を最小化
ビジネスボリューム増大に備えたスケーラビリティ確保
既存コンポーネントは有効活用
既存リソース（人）の有効活用
システム間の効果的連携
開発生産性向上
運用支援機能充実による業務効率化
高い保守性の確保

プレゼンテーション効果が高まります。

以上がプレゼンテーション資料をつくるにあたってのちょっとしたコツです。日頃、設計書を書いているSEの方ならば、プレゼンテーション資料をつくるのにそれほど苦労はないと思います。

●提案書を出す前の準備作業

プレゼンテーション資料を作成して、そのままプレゼンテーションに臨んではいけません。提案書を出す前に、できる限りクライアントと内容調整（協議）をします。その結果を受けて、社内ナレッジを集結して草案をつくり直してからクライアントに見せましょう。

競合他社情報を収集し、勝つための条件を探ります。価格に関する妥結点を見つけ、その少し上の価格で社内決議をとっておきます。

プレゼンテーション前から、自社のメリットをクライアントにアピールしておきます。プロジェクトのリスクを定義してクライアントに予告しておくと効果的です。さらにスムーズなスタートを切れるように、関係すると見込まれる協力会社に事前に最低限の情報を伝えておきます。作

提案書の目次例

1．当社提案の基本姿勢

・提案にあたり背景の整理（挨拶文含む）
・提案内容を記述するにあたっての前提とした事項。

2．当PT（プロジェクトチーム）の位置づけと目的

・提案するプロジェクトの位置づけについての当社理解
・提案内容で達成目標とすること＝目的の記述

3．当PTの作業アプローチ

・提案するプロジェクトの具体的実施手順（＝アプローチ）の明示
・作業を進める上での基本的な留意事項、テクニックの解説

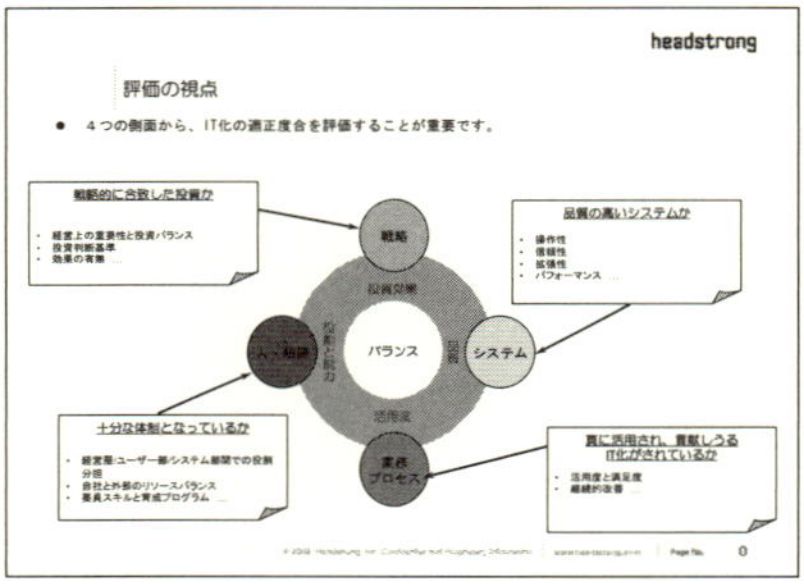

4．推進体制と弊社参画領域

・作業タスク＆スケジュール、想定成果（物）とＰＴ体制を明示
・当社の役割範囲を明示

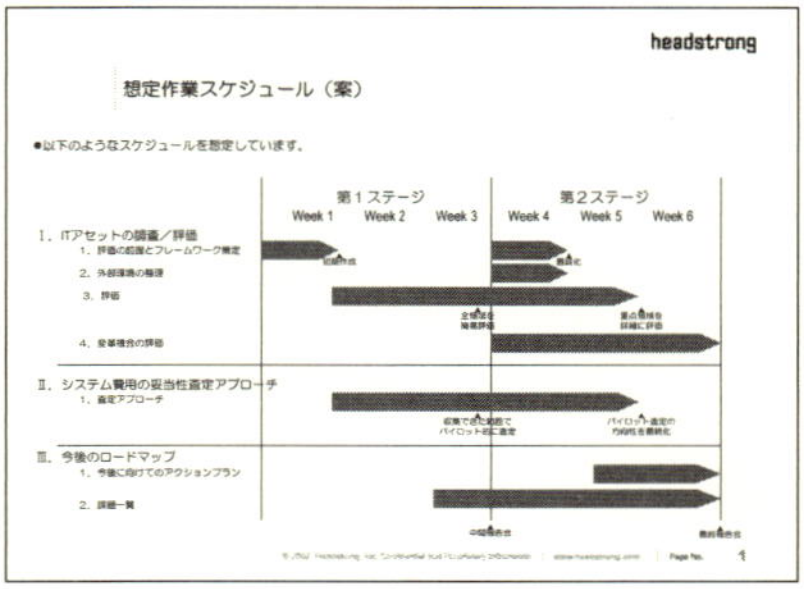

5．依頼事項

・ＰＴ環境早期構築のための依頼事項
・顧客側の依頼事項の解説

6．報酬見積

・コスト提示　・その他契約条件など

7．（補足資料）

・当社実績紹介　・強みのアピールなど

私が失敗してきたこと	好印象を与えるコツ	さらなるもう一押し
●自分でつくらなかったため、思い入れが欠けた内容になった。 ●クライアントの希望に合わせずに「自社流」を貫いて嫌われた。 ●「新しいもの」の要素を何も盛り込まなかった。 ●第三者レビューをしていないため、客観的視点に欠けた内容になった。 ●中途半端な記述をしたので、幅広い作業内容をすることになってしまった。 ●クライアントに足繁く通わなかったので、やる気がないと思われた。 ●準備不足により、プレゼンテーションで大失敗した。 ●配布資料数が不足して、クライアントの心証を悪くした。 ●誤字・脱字・誤植が多すぎて、読んでもらえなかった。 ●コストを無視したため、実現できない提案になった。	●提案書を作成するにあたっての「前提事項」記述にまず全力を投入する。 ●落としどころを決める（スコープ＆コスト）。 ●記述する流れを提出前に確認しておく。 ●実現リスクをはっきり書いた方がクライアントは安心する。 ●細かい見積・作業段取りの試算をアピールする。 ●全社を挙げて「最優先」案件として取組むことをアピールする。 ●成果物（アウトプット）サンプルをできるだけ掲載する。 ●クライアントへ円滑に労働できる環境を欲求する。 ●キレイな「絵」に仕立てる（見映え）。 ●記述内容に含みを残す（提案が通ったら欲しいネタが手に入る流れ）。 ●出したら「すぐ」「何度も」フォローする。 ●提案書は先方の要望なしには絶対に変更しない（プライドの明示）。	●提案前に聞いた要件・要求はすべてではないので、足りない部分は仮説を立てて検討する。 ●目的と達成度合いの測定指標、重要なマイルストーンについてきちんと説明する。 ●「なぜ当社がふさわしいのか」という差別化要因を説明する。 ●主要メンバーの経歴を紹介し、クライントの要求を満たしていることをアピールする。 ●主要成果物と基本的な創出プロセスをきちんと説明する。 ●取組前から課題やリスクを洗い出し、それを説明する。 ●プレゼンテーションを複数名で分担してメリハリをつける。

う。

草案を書き上げたら、作業実施手順（スケジュール、タスクと成果物定義）を決めておきましょう。もし途中でプロジェクトの実現性がゼロに近いと判断したら、提案書を出さないほうが賢明です。

私もこれまで多くの失敗をしてきました。しかし、失敗からいろいろなことを学び、プレゼンテーションで好印象を与えるコツをつかんだのです。

これらのコツを〝当然〟と思う方も多いでしょうが、実際にはほとんどの方ができていません。常に〝すべて〟できるようにしておきましょう。

プレゼンテーションの結果を左右するのは、企業の知名度ではなく、提案の内容です。プレゼンテーション資料を万全に整えてプレゼンテーションに臨みましょう。

クライアントから選ばれるコンサルタントの営業術

◇適度にプッシュして、最後にはプル型営業を実現する

新規営業であろうが、継続営業であろうが、コンサルタントにとって営業スキルは重要です。コンサルティング業界の営業は基本的に「プル型」です。押し売り的な「プッシュ型」営業では勝率はあまり高くならないですし、きちんとしたマーケティングを実施し、プル型で依頼待ちしたほうが勝率は高いと思います。

クライアントは依頼する際、抱えている悩みを率直に相談してきます。そして、クライアントが望む解決策まで伝えることがあります。

競合のシステムインテグレーターの方を見ていると、クライアントの要求通りに提案内容を組

み立てていくことが多い気がします。しかし、コンサルタントごとに得意な問題解決の手法があるはずです。提案段階では自社の得意なスタイルを取り入れてアレンジすべきです。クライアントが求める最大のものは「問題解決」です。そこに至るプロセスは二の次のはずです。ですから、自社ができる問題解決の最善の方法を提示すればいいのです。

たとえば、要件が5つあり、その中に自社の不得手なものが1つあったとしたら、その要件の代わりに自社が得意な別な要件を加えて提案すればいいと思います。もしくは、要件のうち1つに非常に自信がある場合、その部分だけ担当したいとアピールする方法もあります。

しかし、まてど暮らせど依頼が来なければ自分から「プッシュ型」営業をしなくては案件を受注できません。そこで、タイミングをうまく見計らって、「プル」と「プッシュ」を組み合わせて進めることが求められます。

あまりプッシュしすぎると「しつこい」と思われますし、プルばかりだと「やる気がない」と思われてしまいます。営業の駆け引きにはバランスが重要です。

どんなときでもクライアントからのメッセージには「ASAP（As soon as possible：できるだけ早く）」で対応しましょう。回答に時間がかかる場合でも、「時間をください」という連絡をすぐにします。そうすることで、クライアントは「丁寧な対応を早急にしてくれる」という印象を抱き、顧客満足度も上がるのです。

発注意思がまったくないクライアントに提案交渉の継続を無理強いするのはマナー違反です。この場合、潔く引くことも1つのテクニックです。そのときに「案件が成立しない理由」をきちんと聞いておきましょう。反省材料になるとともに、ここで率直に語ってくれたクライアントはいつか発注してくれる可能性があります。時間を空けて再チャレンジしましょう。ただし、案件を獲るつもりがないのにそのままにしておくことは厳禁です。クライアントに「いい加減に扱われている」という悪印象を与えてしまいます。

◇予算は「妥協」せずに「妥結」する

提案活動で「獲れそうだ」と感じてきた場合、最後のつめとして「予算」のハードルをクリアしておきましょう。クライアントはできるだけ安くしたいでしょうし、提案側はできるだけ高くしたいと思います。

ただし、金額は絶対に「妥協」せず「妥結」しましょう。たとえば、要件を変えないままに妥協して値下げに応じてしまえば、要員などの「調達」にも支障が出てしまいます。あえて例外を挙げれば、新規案件で後続が見込める場合に〝特別に〟値引きをすることがあります。しかし、このときの値下げした価格が以後の〝標準価格〟となる可能性が高いので、安易に妥協して価格を下げるべきではありません。ムリに妥協した結果、予算が足らなくなり、品質を落としたために、顧客満足度を著しく下げてしまったという話をよく聞きます。

これに対して、要件や期間など契約条件の変更をしたうえでの値下げは〝妥結〟といえるでしょう。お互いの納得のうえでの値引きだからです。

また、〝ない袖〟を振らせてはなりません。クライアントの予算は決まっており、プロジェクトに投資できる資金には限度があります。赤字覚悟の案件受注は問題外ですが、あと一歩予算が折り合わない場合もあります。しかし、ここでムリに予算を捻出してもらってもいいことはありません。

なぜならば、この〝1回〟のために、継続した取引をしてもらえなくなる可能性もあるからです。予算を加算してくれた案件は優先度が高いので余分に出したかもしれませんが、ほかの案件は価格的に折り合えるほかのコンサルタントに頼もうと思うかもしれません。

どこまでなら支払うつもりがあるのか、そのラインを図ることは経験での勘がものをいいますが、「これ以上要求しないほうがいい」と感じたら、その場で価格交渉をストップして妥結点を探したほうがいいでしょう。

◇既存案件の場合は「拡張」の前に「継続」させる

契約満了時期が近づいた際、報告会を兼ねて次期の継続営業活動をします。この場合、「継続」させることが重要です。クライアントから継続と同時に「拡張」を打診される場合もありますが、まずは系独を確定させましょう。拡張は当事者を超えた決裁などの追加手続きが多く、継続自体が失われる可能性があります。

「独りぼっちのプロジェクト」の場合、コンサルタントの士気を上げるためにも、案件を拡張して2人体制にしたいと継続と拡張を同時に行なうべきと考える方もいると思います。しかし、「二兎を追う者は一兎をも得ず」という諺《ことわざ》どおり、両方を失う可能性があります。

継続の際には「現行メンバーでの継続なのか、チェンジ可能なのか」について必ず確認し、慎重に議論をしておきましょう。ついつい営業に注力して、現場の疲弊度合いを考慮せずに案件を継続してしまった結果、大事な仲間に離職されてしまったこともあります。

継続しようと考えているクライアントの場合、これまでプロジェクトを引っ張ってきた人間を評価していると思うので、ポジションチェンジや期間限定で継続などのオプションも検討してくれるはずです。現場を無視した案件の継続は現場での不満を生むリスクがありますので、十分注意してください。

◆心証を悪くされずに上手に断るコツ

多くの案件を受注できることはすばらしいことなのですが、場合によっては断らなければならないこともあります。

次の問題がある案件は契約できない場合が多いです。

◉報酬金額が折り合わない。
◉先に申込みのあったクライアントを優先した結果、人品が提供できなくなった。
◉契約形態、勤務地、残業の扱い（本人ではなく、コンサルティングファームへの支払い）、その他取引条件が折り合わない。
◉コンサルタントとクライアントとの相性が合わない。

しかし、ただ断ってはなりません。二度と仕事が来ないかもしれませんし、「悪い印象を受けた」と周囲の企業に触れて回るかもしれません。クライアントによっては激高する場合もあります。

断り方のコツとしては、「不公平な印象をできるだけ持たせないようにする」ことです。ほかの客を優先させたと思われた時点で、非常に心証が悪くなります。そのため、「優先順位のルールをすべてのクライアントに対して公平に適用している」という印象を持たせる必要があります。また、たとえ何を言われようとも感情的な言動は禁物です。我慢しましょう。

案件を断るときには、理由を具体的に説明する必要があります。報酬金額が折り合わない場合には「ご期待に沿った額に調整できず申し訳ございません」、先に申込みのあったクライアントを優先して人品が提供できなくなった場合は「御社より前から交渉していたクライアントとの契約が先に成就してしまい、人品が提供できなくなりましたので申し訳ございません」、そして契約形態、勤務地、残業の扱い、その他の取引条件が折り合わない場合や、相性が合わない場合には「コンサルティングファームは人材資本のビジネスなので、どうしても人材を提供するための条件が合わないと、判断させていただきました。申し訳ございません」と謝りましょう。

必ずしも下手に出るのがいいとは限りませんが、これまでの経験から「謝る」ことが無難だと思います。くどくどと理由を並べるよりは、簡潔に謝るほうが印象がいいと思います。

そして最後に「また何か機会があれば、ぜひお声掛けをよろしくお願いいたします」と締めましょう。

断るときに重要なのは「気持ちを込めて応対すること」です。「コンサルタントがお高くとまって、当社ではダメだと言われた」と思われるのではなく、「やっぱりいいコンサルティングファームはすぐに売り切れてしまうのか」と、好印象を残しましょう。

◇大切なクライアントには渡り鳥になってもらう

いままでの経験から、〝友人〟になった企業は二度と〝クライアント〟になったことがありません。もし次のことがあてはまるのであれば、すでに〝友人〟になっていると思います。

- ◉契約関係が切れて3か月以上経った。
- ◉飲み会やお茶会の開催は、双方から何気なく開かれる。
- ◉次の訪問のメドがまったく立っていない。
- ◉取引につながるような具体的な提案動機がない。
- ◉先方からのメールや言葉遣いがカジュアルになった。

もちろん「情報収集源」や「情報交換先」としては存続するのでお付き合いの継続価値はあり

ますが、案件を受注できなくなってしまっては本末転倒です。

そのため、クライアントは〝友人〟ではなく、〝味方〟にしましょう。友人は情報を提供してくれますが、味方は仕事もくれます。とはいえ、味方といっても継続的に仕事をくれるとは限りません。予算だってありますし、ムリに仕事を提案すると顧客満足度が下がってしまいます。また、いくら大口・長期クライアントであっても、常に予算や発注案件があるわけではありません。

そこで、大切なクライアントには「渡り鳥」になってもらいましょう。

クライアントの予算状況をよく確認し、予算がなくなると思ったら案件の継続・拡大の話は止め、むしろ少しのゆとりが残るくらいで取引をいったん終了します。そして、プロジェクトの終了間際に全力で顧客満足度を上げ、クライアントからの評価を最高の状態で終わらせます。プロジェクト満了時に自社がほかにもできることを一通り説明しておき、「今回のプロジェクト以外にも、当社にはいろいろ頼める」こと覚えてもらいます。そして、「定期的に連絡をしていいですか?」とコミュニケーションの約束をしたうえで、プロジェクトを完全に終了します。

あとは友人にならない程度に、季節の挨拶などの連絡を時折します。相手の状況を聞きながら、自社の稼働状況、旬のサービス紹介など、適度な情報を発信します。

食事会も効果的に使います。固まっていない提案はカジュアルに話せる場所での提案のほうが効果的だったりするので、案件の状況によって食事会の場所を選びましょう。こうすることで、一定の周期でクライアントからコンサルティング依頼を受ける可能性が大幅に増えます。

ただし、決して欲張って増額や期間延長をこちらから積極的に求めてはいけません。あくまでクライアントの希望に沿うのです。一度コンサルティング依頼をしているので、クライアントの依頼内容は自社の特性をふまえたものになっているはずです。

もちろん、要求を満たさないスタッフィングやサービス設計は論外です。前回のプロジェクトを最高の形で終わらせているのに、2回目で評価を下げてしまっては、1回目で失敗したときよりも評判を下げてしまいます。

第5章

コンサルタントの報酬体系と採用試験対策

コンサルタントの報酬のしくみ

◆コンサルタントは完全年俸制で残業手当はない

ここまでコンサルタントの仕事を紹介してきました。想像していたとおりのこともあれば、ちょっと違っていたこともあったのではないでしょうか。さて、この章はコンサルタントの〝報酬〟についてお話ししましょう。

コンサルタントのもう1つの魅力である〝給与〟や〝待遇〟がどうなっているかその現実を紹介します。

1章でもお話したとおり、30歳前後で戦略系コンサルティングファームに中途入社した場合の年収は750万から1300万円です。もちろん個人差もありますが、そんなものです。コンサルタントは金融機関と並び給与水準が高い職種だと思います。

金額だけでなく、コンサルタントとSEでは明らかに給与体系が違います。SEからコンサルタントに転職した方がまず驚くのが「残業手当が出ない」ということです。当社を含めたコンサルティング業界のほとんどがプロスポーツ選手と同じように「完全年俸制」を採用しています。新人や若手には残業手当が出たり、インセンティブのボーナスが出たりすることもありますが、基本的には決められた年俸を12分割した給与が毎月支払われます。

コンサルティングファームでは、完全年俸制を「Exempt Employee」といい、次のような共通点があります。

◉基本的に固定月給で働く。
◉時間外労働手当はない。
◉残業という概念自体がない。
◉定時という概念はなく、成果で判断される。

コンサルタントは高度なスキルに値する高い報酬を約束されます。しかし、SEのように「残業しただけ残業手当が出る」「基本給よりも残業手当が多い」なんてことはあり得ません。

では、年俸はどうやって決まるのでしょうか。例として私の属するコンサルティングファームの主流である外資系の報酬・評価体系を紹介しましょう。

◆「給与が上がるか、それとも去るか」のコンサルタントの査定

コンサルティングファームによって報酬・評価体系は異なります。ただし、どのコンサルティングファームでも基本的な考え方は次の2つのうちいずれかです。

①基本的に毎年ベースアップがある。ただし、大抵の場合には職位が細分化されていて、毎年その職位が1つ上がることでベースアップが果たされるしくみ。業績が悪ければ、職位が上がらずベアゼロ（もしくは微増）であり、業績が極端に悪いと判断された人は、基本的に会社から追放されることもある。

②基本的にベースアップはない。昇進など大きな職位職責の変更があってはじめて給与が上がり、降格になれば下がる。ベアゼロに不満があり、直近の昇進の可能性もない人は転職で給与アップをねらうしかない。

①は「Up or Out」といい、多くのコンサルティング会社の基本とされ、いまでも主流です。どちらの制度がいいか悪いかという問題ではありませんが、若手から中堅の人たちには「Up or Outがベアゼロよりは成果主義で納得できる」と思っている人が多いようです。

そうはいっても、ベースアップをいくらにするかということは企業にとって非常にむずかしい〝戦略〟です。私はコンサルタントを査定する立場ですが、さじ加減が非常にむずかしいといつも感じています。

給与が上がる〝幅〟が納得できるかは別として、コンサルティング業界では、約束した成果を出した人には、給与がそれ相応に上がることが保証されています。しかし、成果が出せなければ「Ｏｕｔ」です。

いくら外資系企業であっても、「業績が悪いから去れ」という判断を突きつける企業は少ないと思います。「減給」「降格」「自主的な離職」という選択肢の中からコンサルタントが選ぶことになります。

このような場合、コンサルタントの多くが「離職」を選ぶのが現実です。経営陣としても、この人材不足の折にそう簡単に辞められては困ります。

そこで、「Performed & Stay」といって約束通りに成果は出したものの、「昇給」「昇格」の基準を満たすほどではなかった場合には、「現在の同一条件で来期も活動する」制度になっています。たとえば、最低のノルマはクリアしているけれども、ターゲットにはあと一歩届かなかったような場合です。

しかし、結果が出せなかったら「減給」や「降格」は避けられません。とはいえ、たった1度の不調で査定が低く固定されるわけではありませんので、その悔しさをバネにして次には結果を出せるように努力して欲しいと思います。

◇コンサルタントを査定するための絶対評価と相対評価

コンサルタントの給与を決めるための査定は個人業績の絶対評価（RATING）と相対評価（BANDING）を合わせて考えます。コンサルタントに限らず、多くの会社・多くの職種で行なわれている査定方法だと思います。

◉RATING
定量的・定性的両方の視点から、定められた評価基準に従っての対象個人の絶対評価。

◉BANDING
対象全被評価者の絶対評価を議論のテーブルに並べて相対評価を行ない、その会社規定の「評価スケール（BAND）」内で順序を並べ替える。評価スケールは「S／A／B／C／D」などのカテゴリに分けられる。

「RATING」と「BANDING」の討議ポイントは大きく3つあります。

①「RATING」の評価基準を、どこまで均一・標準化するかの定義。
②「BANDING」におけるBANDごとの比率定義。
③「BAND」ごとの昇給・昇格等、処遇内容の定義。

簡単な例を出して説明しましょう。

会社の業績アップと優秀な人材確保を考慮して、100人のコンサルタントに対して年俸総額5000万円のアップをするとします。もちろん、一律アップするわけではなく、査定によって上がる人もあれば、下がる人も出てきます。

まず、RATINGを行ないます。ここでは、前期に挙げた成績が、①期待以上の人、②期待通りの人、③期待を少し下回った人、④期待を大きく下回った人、の4通りに分けます。

この評価をもとにBANDINGします。その時には、各コンサルタントの前期の仕事内容や、その人の得意領域と実際にやった仕事とのずれなどを考慮して、調整を行ないます。評価スケールが「S／A／B／C／D」に分かれていて、その比率が「1：2：5：1：1」だとします。するとたとえば、評価がSの人は年俸が150万円上がり、同様にAの人は75万円、Bの人は50万円上がり、Cの人はアップ額ゼロ、Dの人は50万円下がるというようになります。

RATINGの評価項目や基準を細かく決めることも考えられますが、実際に協議していくと調整が難しく、かなり大まかなものになりがちです。

また、BANDINGは人事部門が調整を行なうのですが、最終的決定はトップがするようです。少なくとも当社では、査定の最終的な判断は社長がしています。

「会いたい」と思わせる職務経歴書の書き方

◆選ばれる職務経歴書の6つのポイント

中途採用の場合はいままでの経験が重視されるので、職務経歴書がとくに重要になります。私は月に平均20～30件の面接前の書類審査と、10件の面接を実施しています。

当社を含めて外資系コンサルティングファームでは「嘘ではない範囲で、可能な限り派手にアピール」した職務経歴書を持ってくる方が多いようです。

派手なアピールをすることを勧めるわけではありませんが、少なくともどこで何をどうアピールすべきかを知っておく必要があります。これから解説するノウハウを参考に、自分なりの職務経歴書を作成してください。

①最初の1枚でほとんど勝敗が決まる

職務経歴書を読む側も暇ではありません。選考にあたって、いくつか事前評価（フィルタリング）の条件を決めてから大量の応募職務経歴書をチェックしています。

多くの方が当てはまりますが、住まい・学歴・家族構成など、履歴書と同じような内容から始まっている職務履歴書はスキップされる可能性が高いと考えてください。

職務経歴書は最初の1ページをぱっと見たときに「読むか読まないか」か判断されます。ですので、とくにアピールしておきたいことは最初の1ページにすべて表現しましょう。職務経歴書の2ページ目以降は面接時には読まれますが、基本的にこの段階では読まれません。

②最初に長所と特徴をアピールする

職務経歴書の冒頭はもっとも重要なアピール・スペースですので、「自分の強み」を記しておきましょう。たとえば、「〇〇業界においては、多数の案件を非常に幅広い役割で経験してきました」「プロジェクト管理については、複数の方法論に精通している自信があります」「大規模案件で数々の貢献を重ね、高い顧客満足を勝ち得てきました」といった既述があれば、採用官に興味をもってもらいやすくなります。

また、「性格」についても欠かさず書いておきましょう。「スピーディな仕事を常に追求しています。テキパキと実務をこなすのが得意です」「コミットしたことについては、達成されるまで全身全霊で集中して仕事します」「多少の嫌味や無理難題にも感情を表面に出さず、辛抱強く結果を出していけます」など、自分がどのような人間なのかを的確に表現できれば、面接へ進む可能性は非常に高くなります。

③職歴は「新しい順」に時系列に書く

職歴を書くときに「古い順」に書く人がいますが、基本的には「最近」の成果・実績のほうが重視されますので、新しい職歴から記述しましょう。

というのも、応募者がプロジェクトマネジャーとして勤務している場合には、転職後にもそれ相応のポジションで採用されることになりますし、プロジェクトリーダーレベルであれば同等のポジションとなります。プロジェクトマネジャークラスとプロジェクトリーダーレベルとでは採用基準が大きく変わります。そのため、最新の職歴から書いたほうが採用担当者にとって便利なのです。

④プロジェクトの成否よりも「自分がどう貢献したか」が大事

経験したプロジェクトの状況や自分の役割を書くのはいいのですが、「自分がどうプロジェクトに貢献した」「プロジェクトにどのようなアウトプットを出した」のか具体的に書いてない職務経歴書をよく見かけます。

参加したプロジェクトの「目的」「成果物」「規模」「環境」「結果」「自分のかかわり方」は最低限書いておきましょう。

職歴は仕事歴なのですから、自分がしてきた仕事や置かれていた状況を説明するだけではなく、自分がどう評価され、何を学んだのかも書くべきです。

⑤たくさん書けばいいわけではない

職務履歴書の枚数に基準はないのですが、適度な量を心がけましょう。面接時に口頭で職務履歴書のサマリーを言うことになるので、自分で即答できる範囲にしておきます。

いままでの私の採用経験からいえば、Ａ４サイズで3枚程度、最大でも5枚が限界だと思います。もちろん、文字をあまり小さくせず、意識的に余白を設けたレイアウトにしましょう。「見やすさ」がポイントです。

⑥あくまで企業のニーズに合わせて書く

コンサルティングファームばかりを転職活動している場合、時間がないからといって、すべて同じ職務履歴書ですませてはなりません。企業が募集する内容に合わせて工夫しましょう。「業務プロセス改善コンサルタント」として現場を牽引して欲しい人の募集なのに、「プロジェクトマネジャーとして立派にプロジェクト管理をしています」という言葉が冒頭に並んでいると、「優秀かもしれないが、今回求める人材像ではない」と思われてしまいます。

先ほどは「基本的には最新職歴から記述する」と解説しましたが、あくまで〝基本〟ですので、この場合は最新ではなくとも、相手が求めている「業務プロセス改善」の職歴を最初に出しましょう。フレキシブルに対応してください。

コンサルタント採用試験対策

◆意外に重視されている試験当日の身なり

新卒同様、中途採用試験でも身なりは重要です。中途採用試験の場合、新卒とは違ってそれぞれの企業のスタイルのままで面接に臨むことが多いようです。

しかし、いくら前職が服装自由でも志望先がそうとは限りませんし、「クライアント先でもこういった服装をしてくるかもしれない」と、面接官の不安を煽《あお》ってしまう可能性が高いです。

私の採用官としての立場から、服装のポイントをアドバイスすると次ページの表のようになります。

当日の身なりのポイント

スーツ	清潔感を大切にしましょう。印象づけるために派手な格好をする方もいますが、採用官によって評価が大きく変わるので注意しましょう。とはいえ、新卒同様にリクルートスーツでは不自然です。クライアント先に通うようなスーツで臨みましょう。
ネクタイ	また、クールビズを実施している企業が多いですが、面接時にはネクタイを締めましょう。私が採用官の場合、ノーネクタイは若干の減点材料です。
カバン	会社案内など渡すものがあるので、カバンは持っていきましょう。ただし、セカンドバッグやいかにもアウトドア用のリュックサックの場合には、悪印象となる場合もあります。
メモ帳	メモ帳くらいは最低限持ってきましょう。メモをとらないでいると「話を聞く気がない」と評価する採用官もいます。
装飾品	コンサルタントの場合、ある程度「お洒落」なほうが採用されます。ブレスレット（ミサンガや数珠含む）やピアスなど、派手過ぎなければアピールの好材料となります。
名刺	転職を希望しているとはいえ、現在の所属企業の名刺を携帯してください。面接時に名刺交換するコンサルティングファームもあります。もし持っていない場合には、「帰属意識が薄い」と思われる可能性もあります。
その他	髪型・香水などについても、あまりに強烈ではない限り問題はありませんし、ヒゲも無精ヒゲでなければ問題ありません。意外と爪はチェックされていますので、きちんと切っておきましょう。

◇面接では採用官を質問で唸らせよう

コンサルティングファームによって採用方針も違いますが、〝面接の基本〟は押さえておきましょう。SEの場合、意外にできていない方が多いので、基本的なことができているだけでもほかの志望者と差別化が十分図れます。

面接時にもっとも重要なのが、〝ハキハキした挨拶〟です。挨拶が下手・無精な人はコミュニケーション能力が低いとみなされます。挨拶は基本的なことですが、「しっかりと基礎教育を受けている＝ひとまず安心」という印象を与えることができます。最初の段階でしっかりとした挨拶をしておきましょう。

面接時のアピールについては、得意分野についておおいにアピールしましょう。嘘をつくことは厳禁ですが、自分ができることを論理的に説明します。

ただし、不得意分野についての説明も同時に求められます。不得意分野については「当人がどれだけ深く分析していて、改善・解消にどれだけ熱心に努力しているか」が評価の決め手になります。

もちろん、短所より長所を多くアピールすべきですが、長所のアピールは「くどくなく、シンプル」を心がけましょう。

また、面接の段階では自己アピールばかりに気を取られがちですが、人の話に耳を傾ける姿勢は非常に重要です。足を組んだり、人を小バカにしたような薄笑いの表情をしてしまえば、多少スキルが秀でていても不合格になります。

面接の終わりには「何か質問したいことはないですか？」と聞かれることが多いのですが、必ず何か質問しましょう。事前にＷｅｂサイトなどで志望先を調べておき、当日の話を聞いたうえで質問をしましょう。

ただし、明らかに即興でつくったような質問、自分の力を誇示するだけの質問をするのはマイナスです。自制を含めたコミュニケーション力、柔軟性を採用官は見ています。

◇一般的に求められるコンサルタントの採用基準

コンサルタントとして採用されるためには、本書で紹介してきた基礎力やスキルの基準を満たす必要があります。多くのコンサルティングファームでは次の点の有無を基準としていると思います。

●コミットメント（目標達成力）

コミットメントとは自分が参加しているミッションや役割を精一杯果たそうとする姿勢を示し、相手に納得させる能力をいいます。

「コミット（達成すること）」をただ言葉で示すだけではなく、具体的な実現方法も示さなくてはなりません。

面接時においては、「過去にコミットしたことに対して、どうやって実現し、結果としてどれだけプロジェクトに貢献できたか」という説明を求められます。

●献身性

自分がコミットしたことに対する〝献身的〟な取組みをしていることを相手にも理解してもらいましょう。

コンサルタントは、自分がコミットしていない周辺領域で起きた問題や課題に対してでも、努力の姿勢を求められることが多いのです。もちろん、度が過ぎると「重荷をやけに背負いたがる」とマイナスイメージを与えてしまう可能性もあります。

●専門性

他者との差別化を図るために、専門性が求められます。1つの特定領域の「エキスパート」でもいいですし、オールラウンダーとして立ち振る舞う「ユーティリティプレーヤー」でもかまいません。いずれにしても、自分の得意な仕事スタイルを採用官にきちんと説明できることが重要です。

コンサルタントは専門性を求められるので、何かの分野で飛び抜けたスキルがあることは大きなウリになります。しかし、ほとんどの（得意）領域には有効期限があり、そのスキルもいつかは陳腐化してしまうかもしれません。ですから、1つの専門性に固執するのではなく、スプレッド（違う領域への発展）についての順応性も示しておくといいでしょう。

●オーナーシップ

自分の仕事はポジション（職位）にかかわらず、自分が責任者であるという姿勢を保つことが求められます。そのため、採用官は面接の会話や顔色、癖などから志望者が「苦境に立ったときに責任放棄しないか」ということを冷静に見ているのです。

そのため、「成功事例は自分だけが大貢献した」「苦労話はすべて他人に原因がある」というアピールは大きなマイナスになります。

●業務知識

特定業界への一定の知識・知恵です。基本的には、転職後に身につけるので必須ではありません。しかし、少なくても「順応性」は求められます。コンサルタントは専門外の業界を担当する可能性もあります。そのため、「学ぶ姿勢」がない人はコンサルタントに向いてないと判断されます。

たとえば、金融の業務知識について聞かれた場合、「銀行業なら任せてください」というよりは、「リテールは得意で自信があり、法人でも基本知識レベルなら完璧にカバーします」というアピールをしましょう。

●基本的なコミュニケーション力

コミュニケーションスタイルであり、面接時に一番重視されます。「リスニング」「報告」「提案」など、4章で解説したことが問われます。

●IT知識

ITに関する知識です。SE経験者であるならば、しっかりアピールできれば問題はないでしょう。ただし、これまでの経験をダラダラ説明するのではなく、「ネットワーク技術は○○や××の領域では特に得意です」くらいの説明で十分です。

最近では「自分たちに業務知識が十分にあるから、あとは専門知識を活用できるようにITで引き出して欲しい」と、IT専門家がコンサルティングをすることにクライアントの期待が高まっています。すくなくとも、私が数多く担当している金融機関のクライアントにおいては、その要望は大きくなっています。

●リーダーシップ

率先して仕事を進める能力です。物事を率先して周囲を牽引しながら進めていける素養は、コンサルタントにとって必須です。ですので、「志望者がどれだけリーダーシップをとって過去の仕事を進めたか?」という点を、結果以上に評価対象としている場合も多いです。

採用試験では「○○」の基準を満たしているか、1つずつ確認されるわけではありませんので、自己アピールや質問への返答を通じてこれら基準を満たしていることを自然にアピールしましょう。

もちろん、「どの要素に通じている人材」か採用官に知ってもらっていたほうが面接しやすいので、少しでもスムーズに面接を行なうためにも、履歴書にもこれら基準を満たしていることをアピールしておきましょう。

◆転職理由の上手な話し方

転職する理由は面接時に必ず聞かれます。

たとえば、「いまの会社の給与が不満」「会社の雰囲気になじめない」「上司との相性が悪い」と正直に転職理由を語る方もいらっしゃいますが、あまりにネガティブな理由の転職である場合には「採用後にも同じ理由で辞めていくかもしれない」と採用官にマイナスの評価をされてしまいます。

採用官によって意見が大きく変わると思いますが、私から言えることは「ポジティブな理由で転職しよう」ということです。ネガティブなままで転職をしても、本人はずっと逃げ続けなくてはなりません。

ですから、本音では「いまの仕事は嫌でたまらないので辞めたい。しかし、いまさらまったく関係のない業種でチャレンジはできないので、SEからコンサルタントへ転職できないか」と考えていたとしても、そんな言葉は絶対におくびにも出さないでください。

嘘は厳禁ですが、「いまの仕事は辛いけれども、企業の戦略をITで実現するためのシステム構築は非常にやりがいがあります。このままスキルをつけて、システムインテグレータでキャリアアップできると思います。しかし、システム構築をしているうちに、上流工程である経営戦略という視点に立った仕事をしてみたいと思いました。いま、2つの選択肢が目の前にありますが、もしここでコンサルタントになれるのであれば、その可能性に賭けてみたいです」

「いままで多くの困難なプロジェクトに参加してきました。おそらく、今後もさまざまなプロジェクトをこなしていくでしょう。苦しいプロジェクトのなかで、自分はいろいろと仮説を立てて、提案していけることに気がつきました。いまはSEとしてそのスキルを発揮していますが、今後はコンサルタントとしてそのスキルを開花していけるのではないかと思います」といった、ポジティブな転職理由で面接に臨んでください。個人としても、転職を志すSEの方にはそうあって欲しいです。

多くのSEの方が悩みを抱えていると思います。しかし、それを見事に乗り越えて、いまの会社でキャリアを積んでいくことは立派なことだと思います。

ただ、私はコンサルタントの立場からSEの方を見ているのですが、そのスキルを活かしてコンサルタントになるという選択肢に気がついていない方が多いと思います。SEから転職したコンサルタントが生き生きと仕事をしている姿を見てきているので、私としては残念でしかたありません。

冒頭でも紹介したように、SEからコンサルタントに転職する方が非常に増えていますが、まだまだくわしいコンサルタントという仕事についての情報があまり公になっていない気がします。そのため、本書では私が教えられる限りのコンサルタントのことを紹介しました。

本書を通じて、SEの方がコンサルタントに興味をもってくださったのならば、ぜひコンサルティングファームの門を叩いてみてください！

そして、楽しくITビジネスにかかわっていきましょう。

北添裕己（きたぞえ　ゆうき）
1967年生まれ、上智大学理工学部電気電子工学科卒。卒業後にアンダーセン・コンサルティング（現アクセンチュア）に入社。コンサルティングだけではなく、開発現場にてシステム開発の経験も持つ。2002年に外資系コンサルティングファームの（株）ヘッドストロング・ジャパンに転職し、金融サービス業グループの担当役員（プリンシパル）として様々なコンサルティング業務に従事。ＳＥに人気のあるウェブメディア「ITmedia」でコンサルタントの仕事術や日常について執筆しており、読者から好評を博している。

http://blogs.itmedia.co.jp/torapapa/

SE《エスイー》からコンサルタントになる方法《ほうほう》

2008年２月10日　初版発行

著　者　北添裕己

発行者　上林健一

発行所　株式会社日本実業出版社　東京都文京区本郷３－２－12　〒113-0033
大阪市北区西天満６－８－１　〒530-0047
編集部　☎03-3814-5651
営業部　☎03-3814-5161　振　替　00170-1-25349
http://www.njg.co.jp/

印刷／壮光舎　製本／共栄社

この本の内容についてのお問合せは、書面かFAX（03-3818-2723）にてお願い致します。
落丁・乱丁本は、送料小社負担にて、お取り替え致します。

ISBN 978-4-534-04344-3 Printed in JAPAN